F/G/S GRAPHICA
FELIPE TABORDA
GABRIEL MARTÍNEZ
SONIA DÍAZ

AF192744

GRAPHIC IBEROAMÉRICA GRÁFICA
MASTERS / MAESTROS

VICENTE LARREA

Experimenta Libros

Born in 1942, Vicente Larrea is one of Chile's most important graphic designers. His extensive graphic work has greatly influenced subsequent generations, who were part of the creative output of most of the country's graphic design schools between 1963 and 1973, a period during which Larrea produced numerous posters for a long list of clients and events. His logos are synonymous with the musical movement known as *Nueva Canción Chilena* (New Chilean Song). He is currently in charge of his design and printing studio, where he combines artistic creation with production processes. A graduate in Applied Arts (Interior Design) from the University of Chile, Larrea defines himself as *semi-self-taught*: 'I have done what I wanted to do since I left school: Provocative, Non-Compliant Graphics. My greatest reward is the gratitude of the Chilean people for the graphics we created, which we continue to use on a daily basis.'

Nacido en 1942, Vicente Larrea es uno de los más importantes diseñadores gráficos de Chile. Su extensa obra gráfica ha influenciado enormemente las generaciones posteriores, que formaron parte de la producción creativa de la mayoría de las escuelas de diseño gráfico del país entre 1963 y 1973, un período durante el cual Larrea realizó numerosos carteles para una larga lista de clientes y de eventos. Sus logotipos son sinónimo de la corriente musical conocida como *Nueva Canción Chilena*. Actualmente es el responsable de su estudio de diseño e imprenta, donde mezcla la creación artística con los procesos productivos. Egresado de Artes Aplicadas (Decoración de Interiores) en la Universidad de Chile, Larrea se define como un *semi-autodidacta*: «He hecho lo que quería hacer, desde que logré salir del colegio: Gráfica Provocativa No Complaciente. Mi mejor premio es el agradecimiento del Pueblo Chileno por la gráfica que hicimos, y que mantenemos vigente en el día a día».

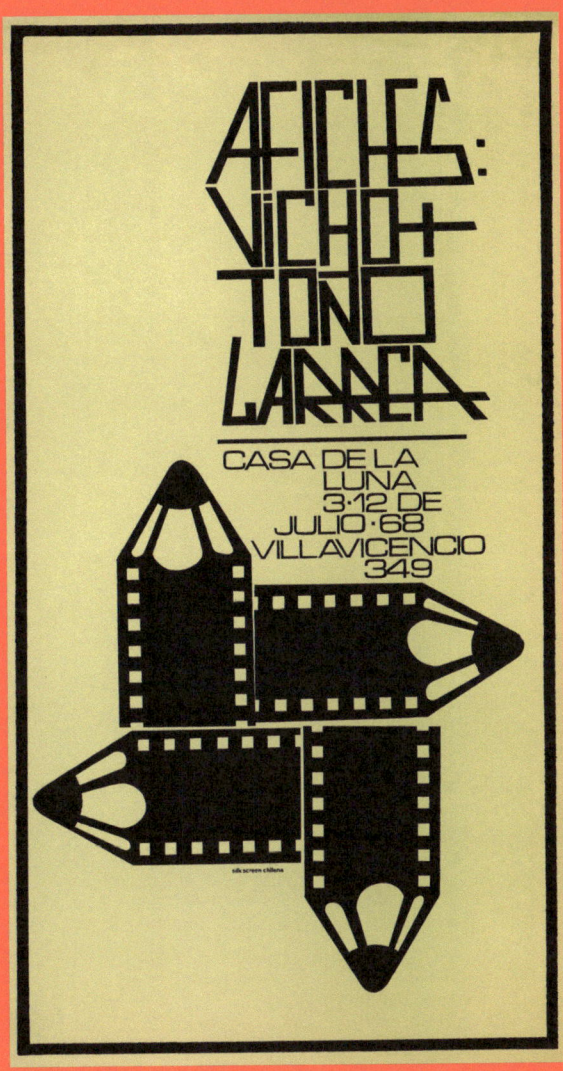

Portada · Antonio Larrea (foto), Vicente Larrea + Luis Albornoz

Cartel · Vicente y Antonio Larrea · 1968

APPROACH / ENFOQUE

'I like to think of the function of design as a graphic provocation,' Vicente once told me about the direction of his work. I have no doubt that many admirers of his legacy may be motivated by a similar disruptive vocation, but it is easy to forget that even upheavals require calculation and judgement, consideration and restraint, meticulousness and silence.

«Me gusta pensar en la función del diseño como una provocación gráfica», me comentó una vez Vicente sobre la orientación de su trabajo. No dudo que muchos admiradores de su legado puedan estar motivados por similar vocación disruptiva, pero es fácil olvidar que también las sacudidas requieren de cálculo y criterio, de consideración y mesura, de minuciosidad y silencio.

Marisol García
Periodista e investigadora
independiente en música

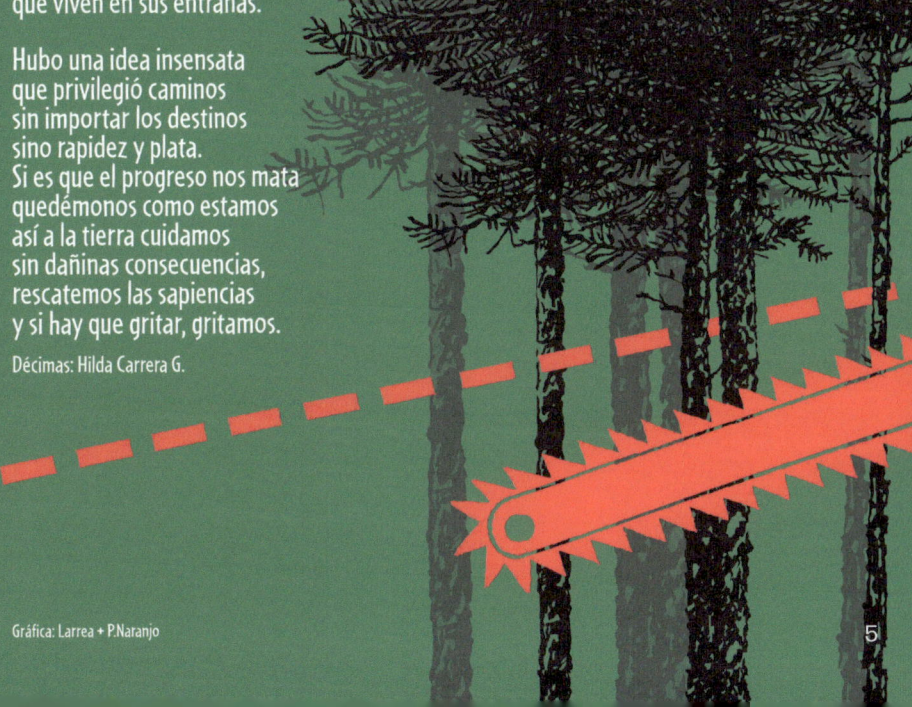

LA SAVIA GRITA

La savia gritó con bríos
cuando la iban a talar
la voz que se hizo escuchar
nos generó escalofríos.
Causó dolor a los ríos
a la tierra, a las montañas
y se iniciaron campañas
para salvar a estos seres
gigantes, con los saberes
que viven en sus entrañas.

Hubo una idea insensata
que privilegió caminos
sin importar los destinos
sino rapidez y plata.
Si es que el progreso nos mata
quedémonos como estamos
así a la tierra cuidamos
sin dañinas consecuencias,
rescatemos las sapiencias
y si hay que gritar, gritamos.

Décimas: Hilda Carrera G.

A BEGINNING / UN COMIENZO

In 1966, while completing my final year of studies at the School of Applied Arts, I began working in the Cultural Outreach Department at the University of Chile designing posters and brochures. I understood very early on that I needed to understand the socio-cultural reality of each Chilean group to which my work and its academic content were directed. I worked with complete freedom and full responsibility for the commissions I received, both in the concept and design stages and in printing. It was a good start that strengthened my dedication to the graphic arts.

En 1966 mientras cursaba el último año de estudios en la Escuela de Artes Aplicadas comencé a trabajar en el Departamento de Extensión Cultural de la Universidad de Chile diseñando afiches y folletos. Muy temprano entendí que debía conocer la realidad socio-cultural de cada grupo humano chileno hacia el cual estaban dirigidos mis trabajos y su contenido académico. Trabajé con absoluta libertad y plena responsabilidad sobre los encargos recibidos, tanto en las etapas de concepto y diseño como de impresión. Fue un buen comienzo que afianzó mi dedicación al oficio del diseño gráfico.

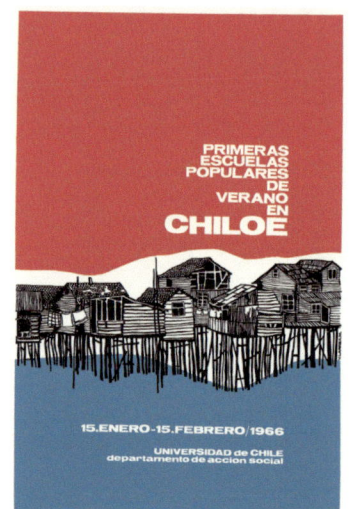

Cartel · Vicente Larrea · 1966

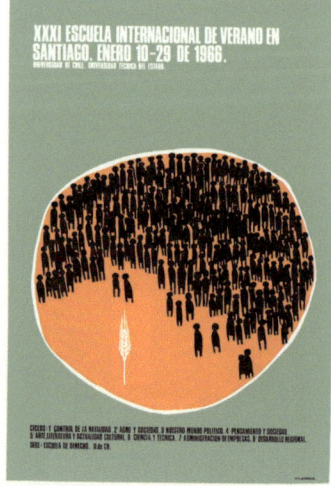

Cartel · Vicente Larrea · 1966

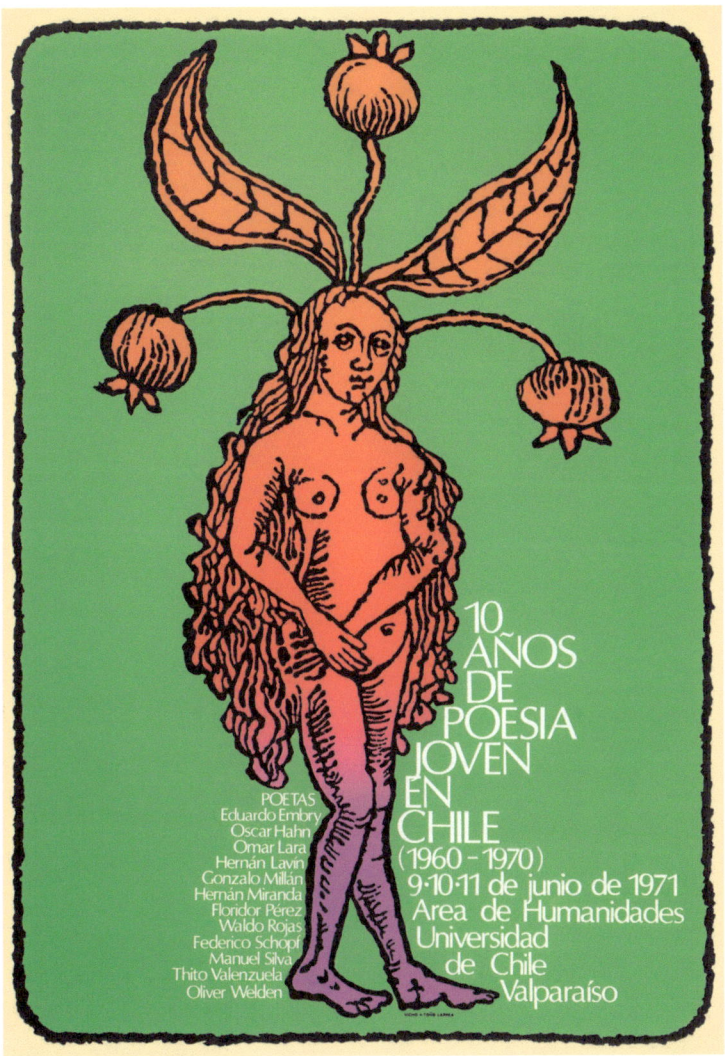

POETAS
Eduardo Embry
Óscar Hahn
Omar Lara
Hernán Lavín
Gonzalo Millán
Hernán Miranda
Floridor Pérez
Waldo Rojas
Federico Schopf
Manuel Silva
Thito Valenzuela
Oliver Welden

10
AÑOS
DE
POESIA
JOVEN
EN
CHILE
(1960 - 1970)
9·10·11 de junio de 1971
Area de Humanidades
Universidad
de Chile
Valparaíso

COMMISSION / ENCARGO

These works fulfilled a social/cultural function and, as such, were well accepted and recognised, both by the cities to which they were addressed and by the university administrators of the time. This acceptance led to further commissions from various faculties and student organisations at the same university. This helped me greatly to develop an intense and efficient work rhythm, while at the same time increasing my knowledge and connection with printing techniques.

Esos trabajos cumplieron una función social/cultural y como tales fueron bien aceptados y reconocidos, tanto por las ciudades a las que fueron dirigidos como por los directivos universitarios de esa época. Esta aceptación generó otros encargos desde diversas facultades y organizaciones estudiantiles de la misma universidad. Esto me ayudó mucho a desarrollar un intenso y eficiente ritmo de trabajo, a la vez que crecía mi conocimiento y vinculación con las técnicas de impresión.

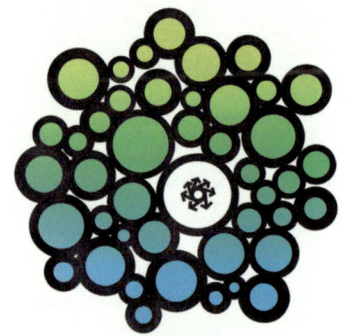

Cartel · Vicente y Antonio Larrea · 1969

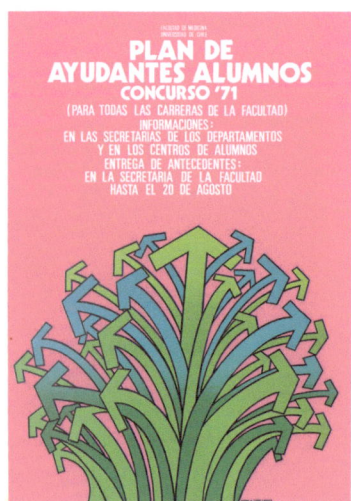

Cartel · Vicente y Antonio Larrea · 1971

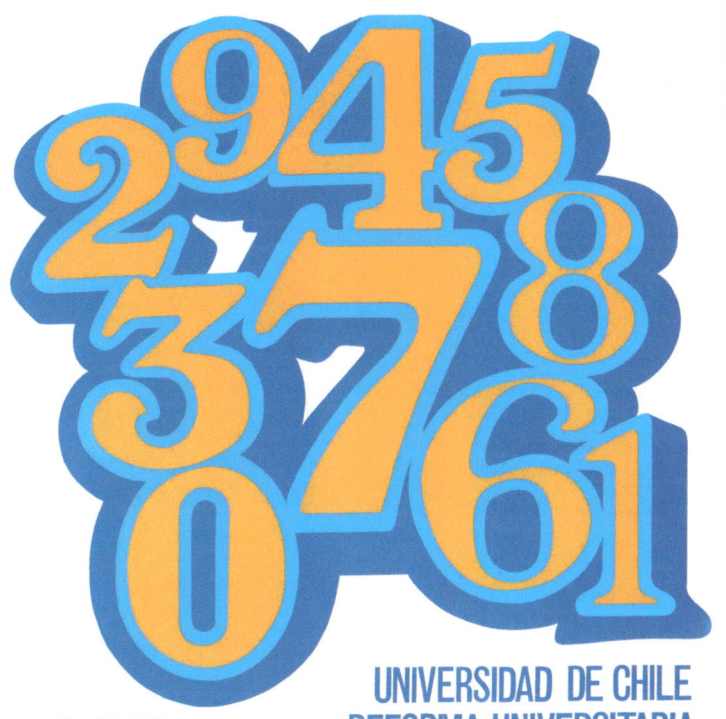

UNIVERSIDAD DE CHILE
REFORMA UNIVERSITARIA
FACULTAD DE MEDICINA

13 JUNIO-
12 AGOSTO'69.

EVALUACION
ACADEMICA

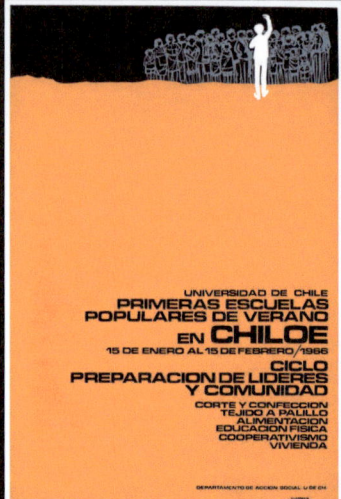

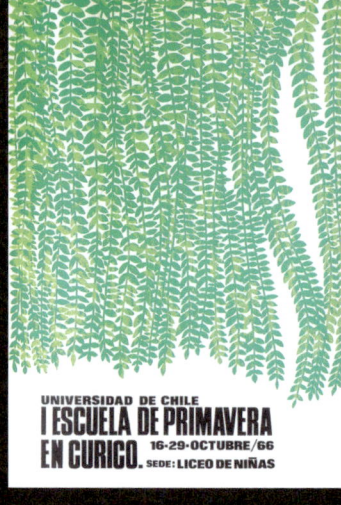

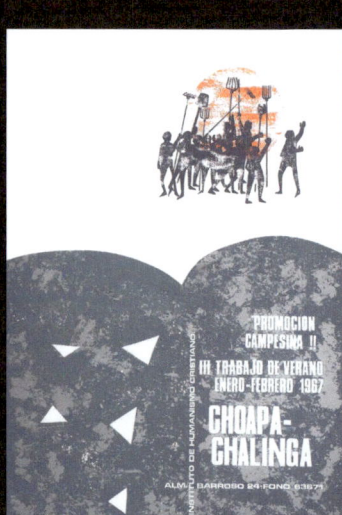

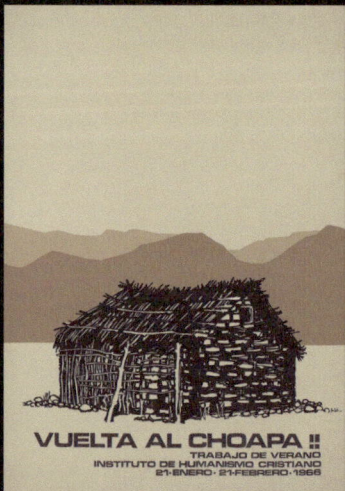

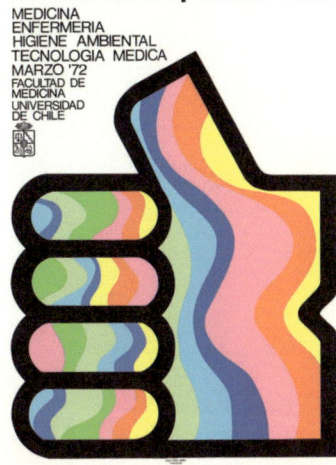

las carreras vespertinas van!!

MEDICINA
ENFERMERIA
HIGIENE AMBIENTAL
TECNOLOGIA MEDICA
MARZO '72
FACULTAD DE
MEDICINA
UNIVERSIDAD
DE CHILE

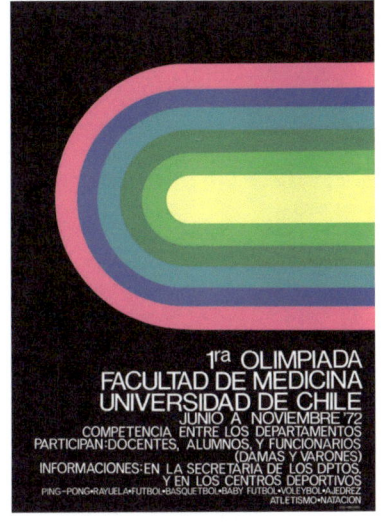

1ra OLIMPIADA
FACULTAD DE MEDICINA
UNIVERSIDAD DE CHILE
JUNIO A NOVIEMBRE '72
COMPETENCIA ENTRE LOS DEPARTAMENTOS
PARTICIPAN:DOCENTES, ALUMNOS, Y FUNCIONARIOS
(DAMAS Y VARONES)
INFORMACIONES:EN LA SECRETARIA DE LOS DPTOS.
Y EN LOS CENTROS DEPORTIVOS
PING—PONG•RAYUELA•FUTBOL•BASQUETBOL•BABY FUTBOL •VOLEYBOL•AJEDREZ
ATLETISMO•NATACION

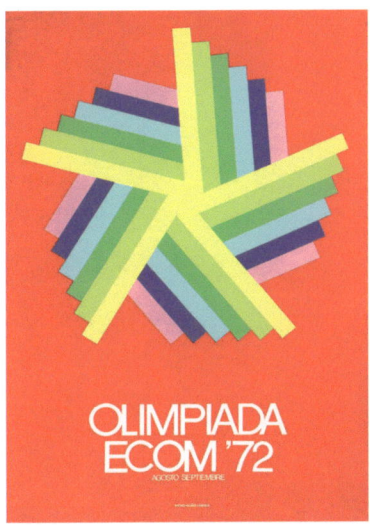

OLIMPIADA
ECOM '72
AGOSTO SEPTIEMBRE

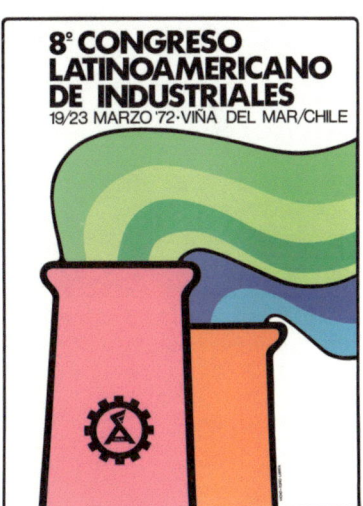

8° CONGRESO
LATINOAMERICANO
DE INDUSTRIALES
19/23 MARZO '72·VIÑA DEL MAR/CHILE

STYLE / ESTILO

Pop and psychedelia influenced us because it was a form of expression that spread across the globe. There are forms of psychedelia that we undoubtedly subscribe to, acquire and apply. There are many Latin American forms that are part of our basic education at the School of Applied Arts. Knowledge of the entire history of international and Latin American art influences the type of expression that was initially aimed at surprising the audience so that people would understand and acquire it, that is, receive it well and understand it.

El pop y la psicodelia nos influyeron porque fueron una forma de expresión que se extendió por todo el planeta. Hay formas de la psicodelia a las que indudablemente nos suscribimos, las adquirimos y las aplicamos. Hay muchas formas latinoamericanas que están en parte de nuestra educación básica que recibimos en la Escuela de Artes Aplicadas. El conocimiento de toda la historia del arte internacional y de Latinoamérica influye en el tipo de expresión que estaba orientado primero a causar una cierta sorpresa en la audiencia para que la gente lo entendiera y lo adquiriera, es decir, lo recepcionara bien y lo recibiera de forma comprensible.

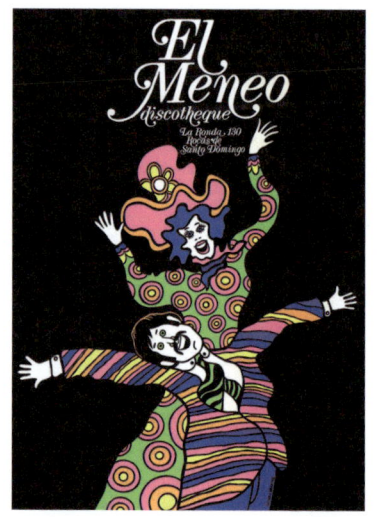

Cartel · Vicente y Antonio Larrea · s.f.

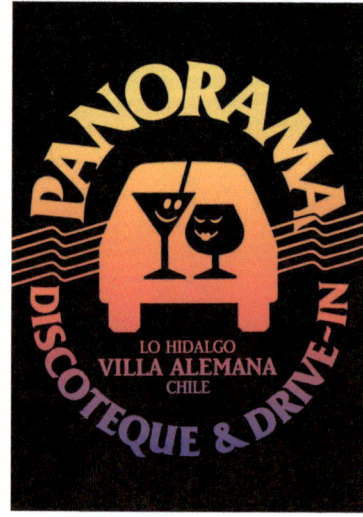

Cartel · Vicente y Antonio Larrea · s.f.

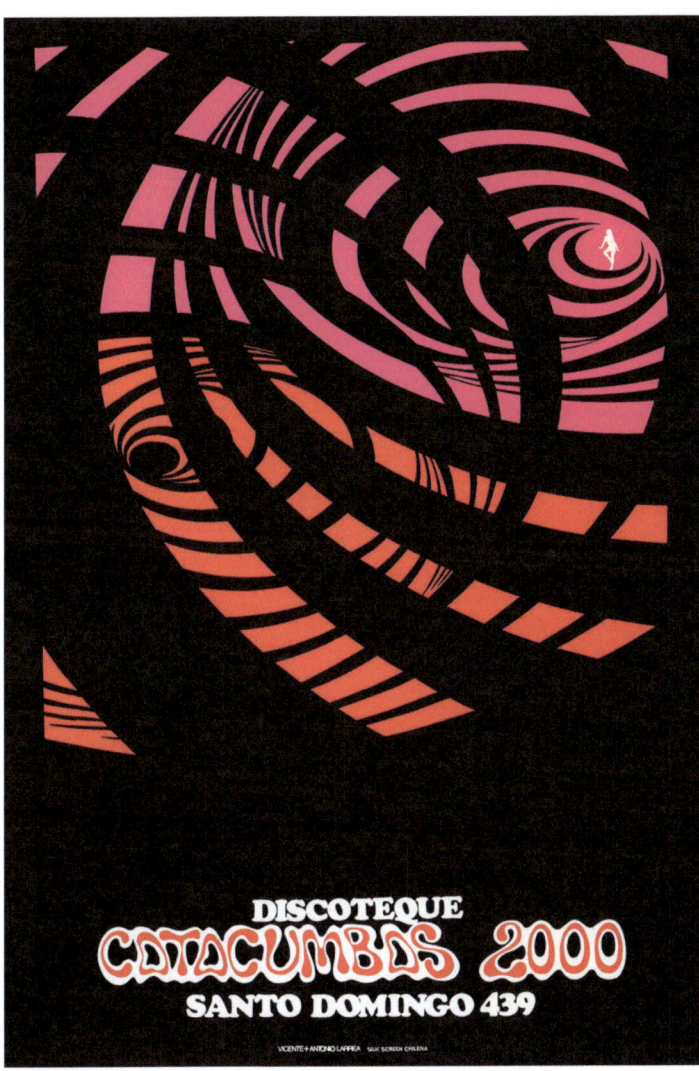

GET INVOLVED / IMPLICARSE

If we don't get involved, we don't do anything; and not just with a film director like Aldo Francia or Silvio Caiozzi, but also with the photographer, with the guy who participated in the filming, with the artist, with everyone. From *Morir un poco* onwards, everything was done with real involvement, and Álvaro Covacevich showed me what to do. With the first film poster, which was for *Morir un poco*, we realised what the film industry was like and what Chilean cinema was aiming for.

Si no nos involucramos no hacemos nada; y no solamente con un director de cine como Aldo Francia o Silvio Caiozzi sino también con el fotógrafo, con el tipo que participó en la filmación, con el artista, con todos. De *Morir un poco* para adelante todo fue con involucración verdadera, ahí Álvaro Covacevich me mostró lo que hay que hacer. Con el primer afiche de cine que fue *Morir un poco* ahí nos dimos cuenta de cómo era el ambiente de la cinematografía y qué es lo que pretendía el cine chileno.

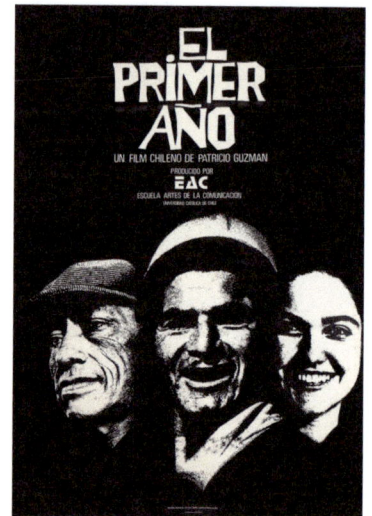

Cartel · Vicente y Antonio Larrea / DGO Ulloa · 1972

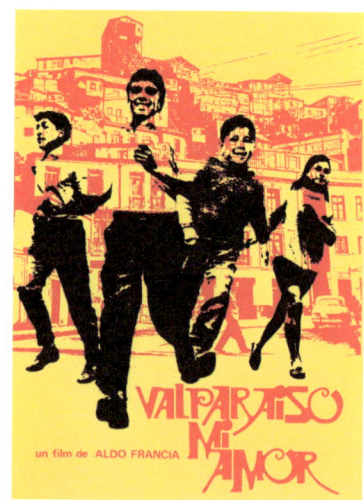

Cartel · Vicente y Antonio Larrea · 1969

Master : Vicente Larrea

MORIR UN POCO

-LA HISTORIA DEL HOMBRE COMUN-

**UN FILM CON ARGUMENTO, MUSICA Y
DIRECCION DE ALVARO J. COVACEVICH**

SUD AMERICANA FILMS·SANTIAGO CHILE

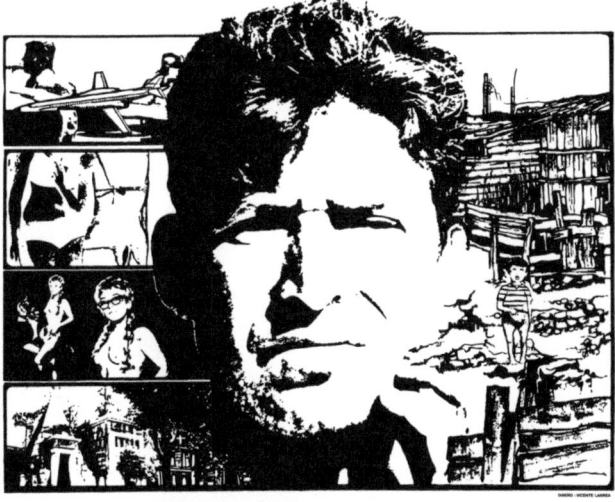

director de fotografia: **OSCAR GOMEZ PRIETO** * camaras: **ROBERTO MUÑOZ** * ingeniero sonido:
MANUEL TRONI * laboratorios: **GAMA·ANDRES MARTOREL Y CIA** * grabacion y compaginacion:
REALIZADA EN EMELCO CHILENA S.A.C. * proceso positivo: **LABORATORIOS TECNO FILM B. AIRES**
interpretackin musical: **N. VICENCIO Y SU CONJUNTO** * DISTRIBUIDA POR CONTINENTAL FILMS

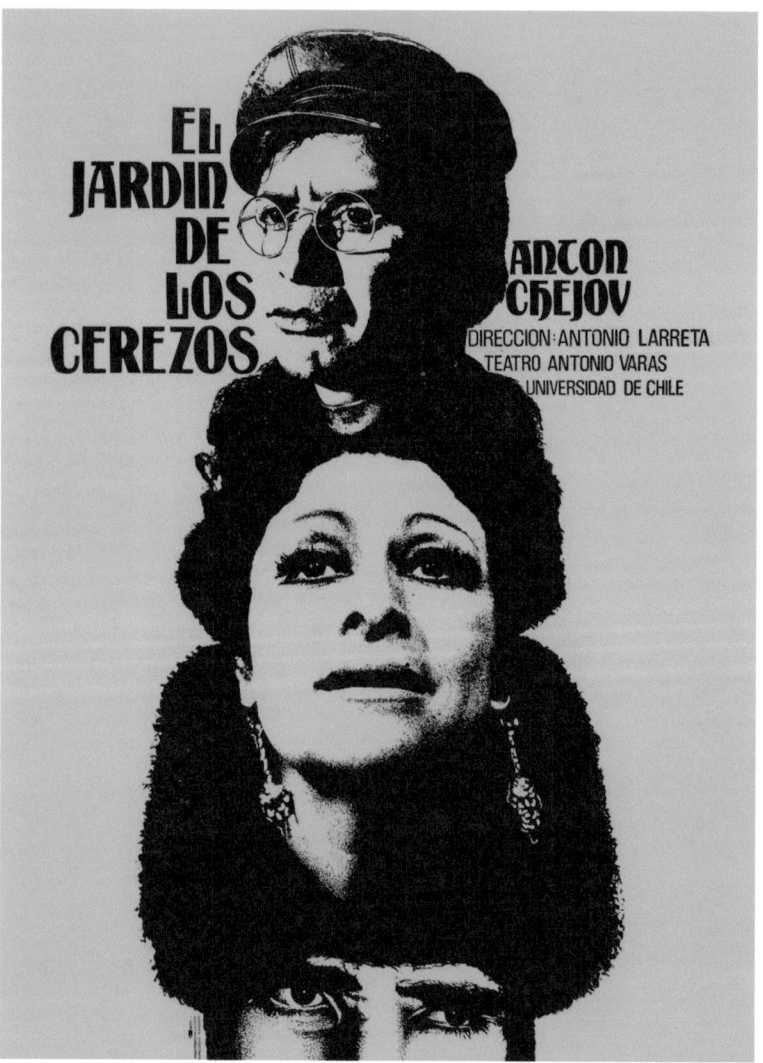

EL
JARDIN
DE
LOS
CEREZOS

ANTON
CHEJOV

DIRECCION: ANTONIO LARRETA
TEATRO ANTONIO VARAS
UNIVERSIDAD DE CHILE

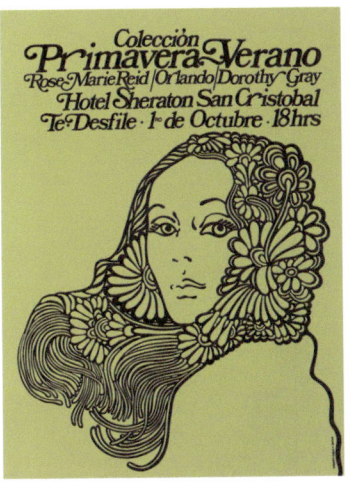

Colección
Primavera-Verano
Rose-Marie Reid | Orlando | Dorothy Gray
Hotel Sheraton San Cristobal
Te Desfile · 1º de Octubre · 18 hrs

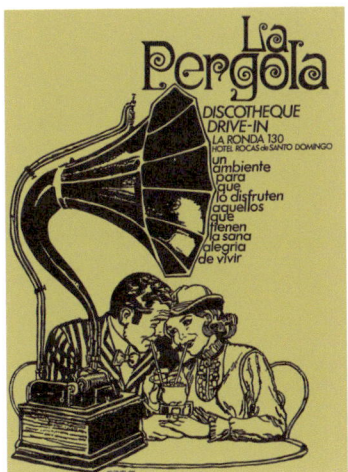

La
Pérgola
DISCOTHEQUE
DRIVE-IN
LA RONDA 130
HOTEL ROCAS de SANTO DOMINGO

un
ambiente
para
que
lo disfruten
aquellos
que
tienen
la sana
alegría
de vivir

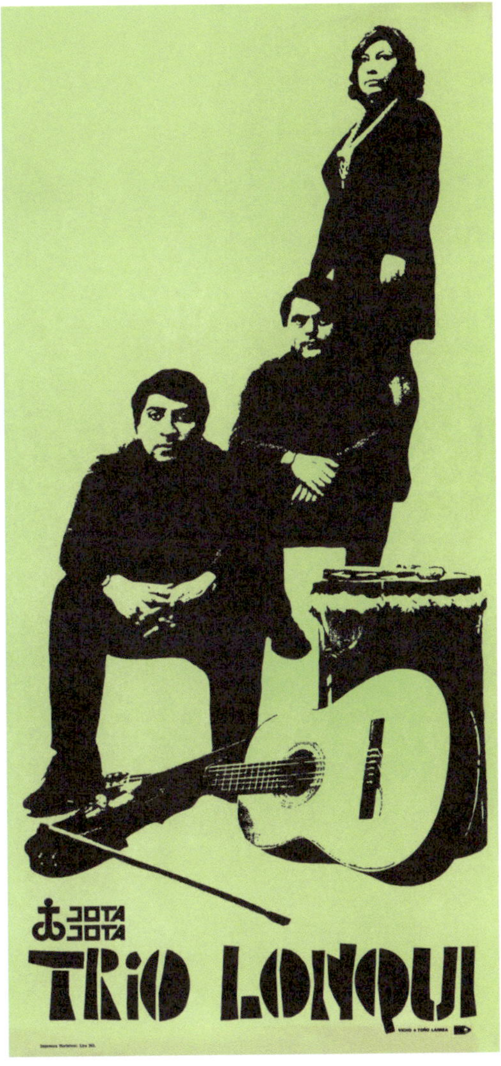

JOTA
JOTA
TRIO LONQUI

CULTURISATION / CULTURIZACIÓN

Take the case of Aldo Francia's *Ya no basta con rezar* (It's Not Enough to Pray). Aldo called us in to see the script, showed us the essential parts of the film on the moviola, talked to us about the script, we watched the whole film many times and agreed on what the essence of the film was. We call this *culturisation* because we never design without this stage of prior knowledge, of getting involved and committing ourselves to the subject. We never skip this stage. We would present two or three sketches, usually with the idea already well on track, and Aldo would say, 'Yes, I agree,' and it would be printed and that was it.

Pongamos el caso de *Ya no basta con rezar* de Aldo Francia. Aldo nos llamaba para que viéramos el copión, nos mostraba en la moviola las partes esenciales de la película, nos hablaba del guion, veíamos la película completa muchas veces y coincidíamos en lo que era la esencia de la película. A eso le llamamos *culturización* porque nunca diseñamos sin esa etapa de conocimiento previo, de entrometernos y comprometernos con el tema. Nunca nos saltamos esa etapa. Presentábamos dos o tres bocetos, generalmente ya la idea estaba bien encaminada y Aldo decía «sí, estoy de acuerdo», se imprime y chao.

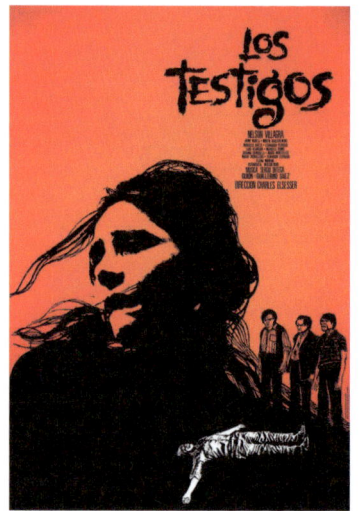

Cartel · Vicente y Antonio Larrea + Luis Albornoz · 1971

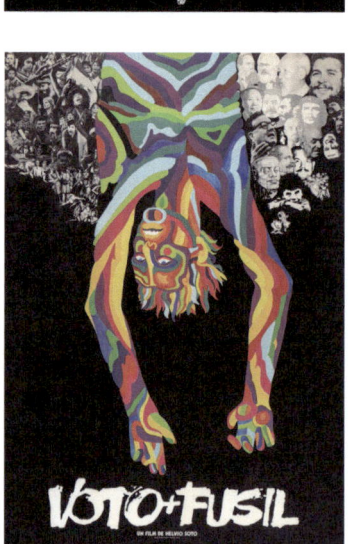

Cartel · Vicente y Antonio Larrea + Luis Albornoz · 1971

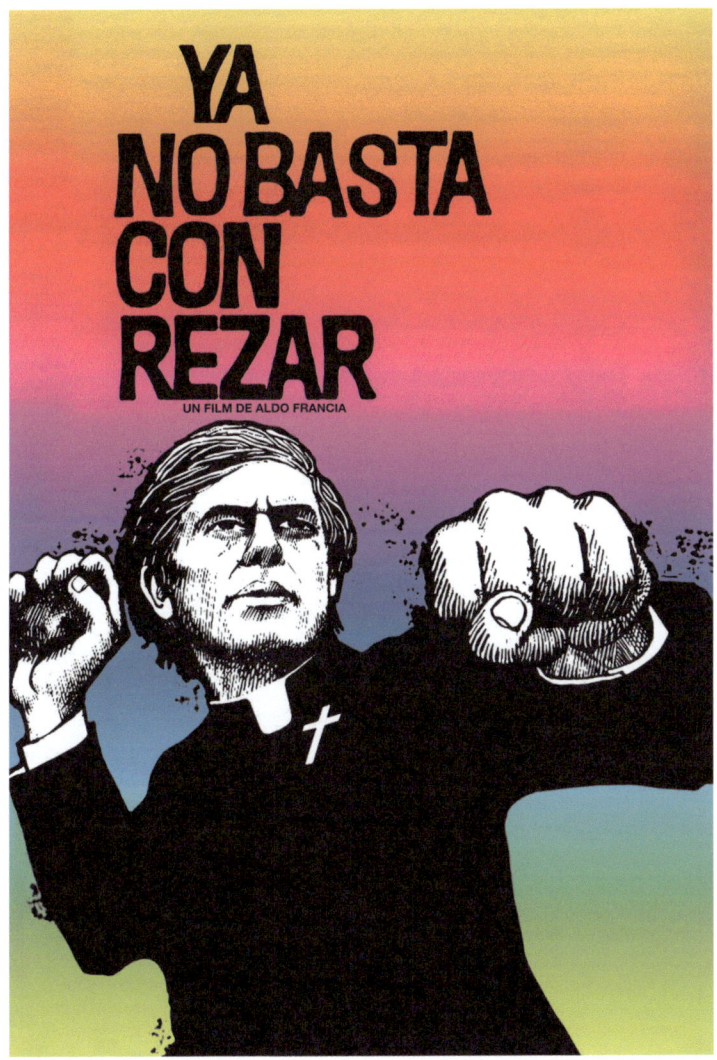

YA NO BASTA CON REZAR

UN FILM DE ALDO FRANCIA

Cartel · Vicente Larrea y Luis Albornoz · 1972

SYNTHESIS / SÍNTESIS

I understand synthesis as the scent of a mandarin orange. One cannot be ornate, baroque, rococo, or overly decorative because that distracts. The master who taught us synthesis was Saul Bass. Film titles, film credits, and film posters were invented by the great master Saul Bass. I had the opportunity to learn about his work from a very young age. To this day, the titles of *West Side Story* still have an impact on me. The synthesis he demands in order to achieve absolute clarity must be understood by everyone except the blind, although there are also people who are blind of soul and do not want to see.

Entiendo la síntesis como el perfume de una mandarina. Uno no puede ser recargado, barroco, rococó, llenar de adorno porque eso distrae. El maestro que nos enseñó la síntesis se llamó Saul Bass. Los títulos del cine, los créditos de las películas y los afiches de cine los inventó el gran maestro Saul Bass. Tuve la oportunidad de conocer su trabajo desde muy joven. A mí los títulos de *West Side Story* hasta la fecha me siguen marcando. La síntesis que exige para llegar a la claridad absoluta que tiene que ser entendida por todas las personas excepto por los ciegos, aunque también hay gente ciega de alma que no quiere ver.

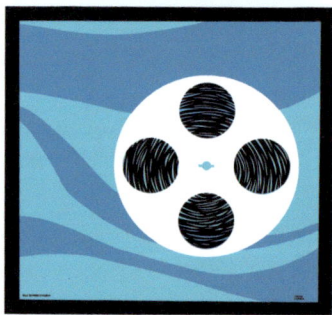

Cartel · Vicente Larrea · 1966

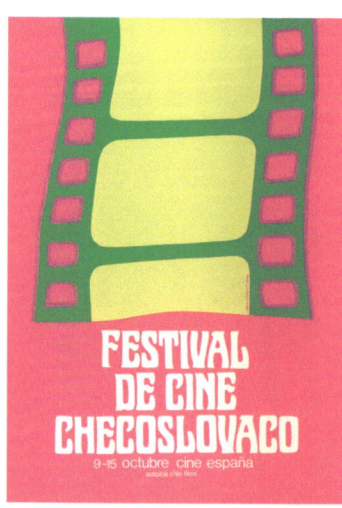

Cartel · Vicente Larrea y Luis Albornoz · 1972

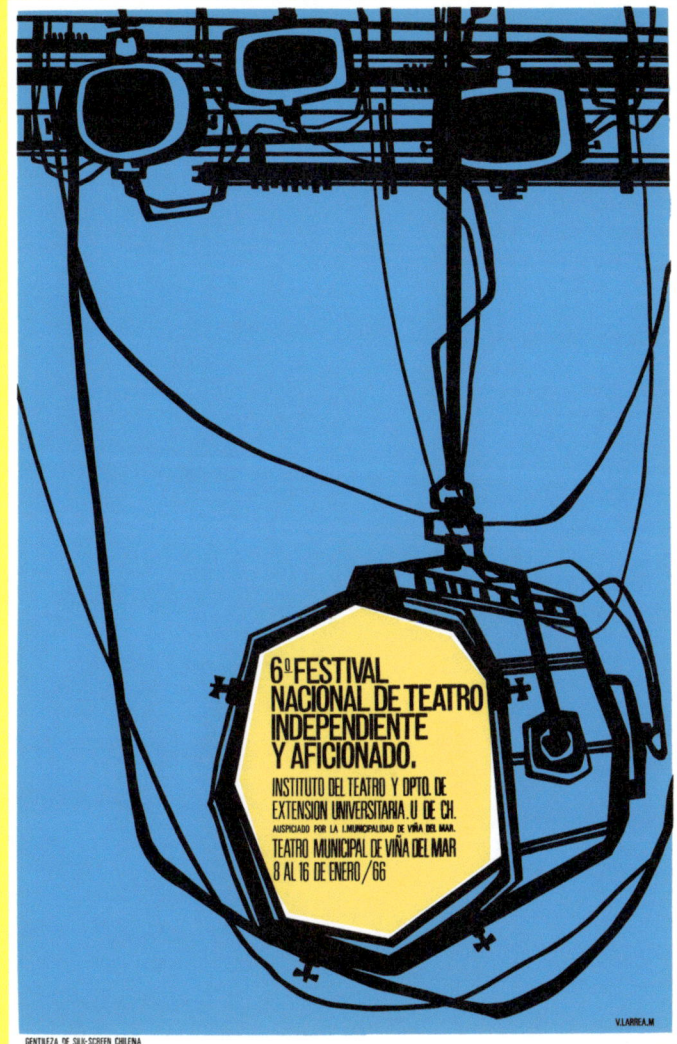

6º FESTIVAL NACIONAL DE TEATRO INDEPENDIENTE Y AFICIONADO.

INSTITUTO DEL TEATRO Y DPTO. DE EXTENSION UNIVERSITARIA U DE CH.

AUSPICIADO POR LA I.MUNICIPALIDAD DE VIÑA DEL MAR.

TEATRO MUNICIPAL DE VIÑA DEL MAR 8 AL 16 DE ENERO/66

V.LARREA.M

WINGS / ALAS

'A tree without roots is dry wood.' Without a solid and broad foundation of knowledge—roots—it is impossible to develop wings—creation. Anything done without a foundation, in pursuit of easy and empty applause will only be a fleeting and insignificant fad. Those who are not interested in knowing and respecting their roots will not grow the wings necessary to reach a broader and more diverse horizon. They will only continue to repeat what has been repeated to the point of boredom (...inbreeding is evident in their results).

«Un árbol sin raíces, es leña seca». Sin las bases sólidas y amplias del conocimiento —raíces— no se pueden desarrollar alas —creación—. Todo lo que se haga sin fundamentación y en pos del aplauso fácil y vacío solo será moda efímera e intrascendente. Aquellas personas a las que no les interesa conocer ni respetar sus raíces no les crecerán las alas necesarias para alcanzar un horizonte más amplio y diverso. Solo continuarán repitiendo lo repetido hasta el hastío de ellos mismos (...la endogamia es evidente en sus resultados).

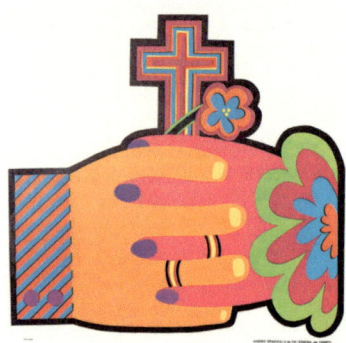

Cartel · Vicente y Antonio Larrea + Ximena del Campo · 1969

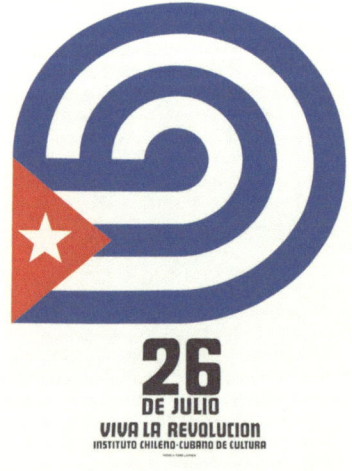

Cartel · Vicente y Antonio Larrea · 1971

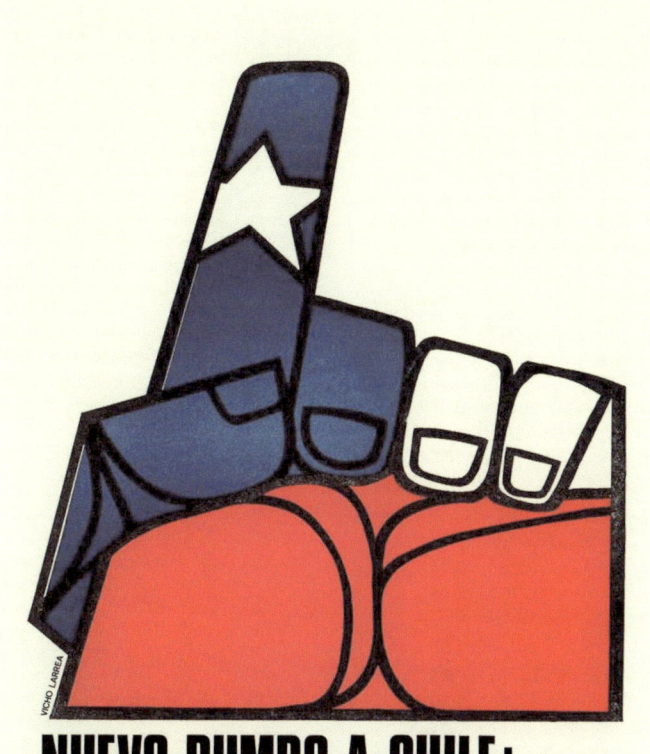

NUEVO RUMBO A CHILE:
SOCIALISMO Y DEMOCRACIA
XXIII CONVENCION RADICAL ·   1967·

INTENTIONAL / INTENCIONAL

Nothing happened by chance. Everything we did was entirely intentional. The designs were not intended to impose our own tastes but rather to function in the manner of journalists, first processing information, then synthesising it and finally presenting it in an attractive way to all Chileans, whether they were for or against Allende. Everyone had to understand the message equally. The posters *La felicidad de Chile* (The Happiness of Chile) and *Cobre chileno* (Chilean Copper) were fantastic works and were very well received because we oriented the design in terms of equality and social justice.

Nada sucedió por casualidad. Todo lo que hicimos fue absolutamente intencionado. Los diseños no trataban de imponer nuestro propio gusto sino funcionar a la manera de los periodistas, primero procesando una información, luego sintetizándola y finalmente presentándola de forma atractiva a todo el pueblo chileno, fueran pro o contra Allende. Todos por igual tenían que captar el mensaje. Los afiches *La felicidad de Chile* y el *Cobre chileno* fueron unos trabajos fantásticos y tuvieron muy buena receptividad porque orientamos el diseño en términos de igualdad y justicia social.

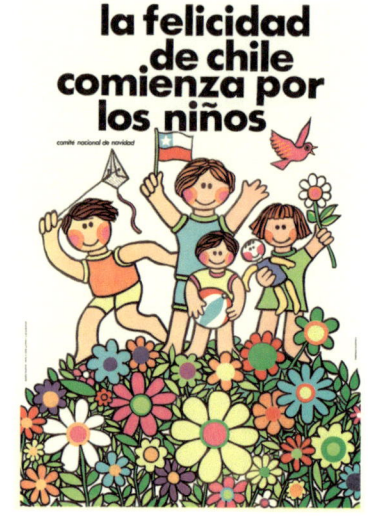

Cartel · Vicente y Antonio Larrea + Luis Albornoz · 1971

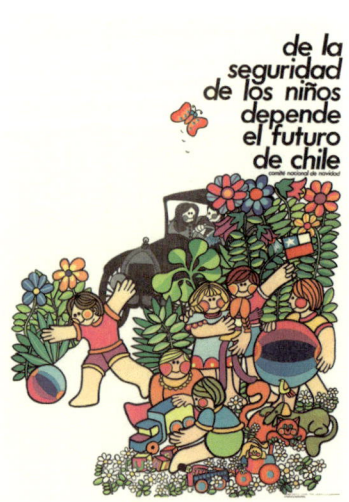

Cartel · Vicente y Antonio Larrea + Luis Albornoz · 1971

COBRE CHILENO

tu eres la patria, pampa y pueblo.
arena, arcilla, escuela, casa
resurreccion, puño. ofensiva
orden, desfile. ataque, trigo
lucha, grandeza, resistencia.

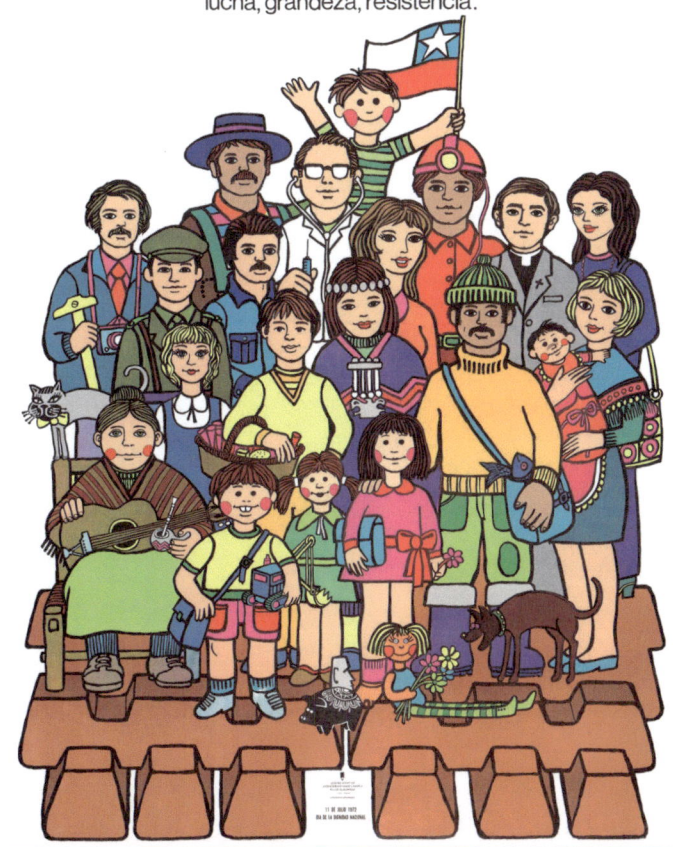

CHANGE / CAMBIO

In the 1960s, Chile was a very provincial country, distant from what was happening in the 'developed world'. We had a cultural expression in line with our reality and a growing interest in social, indigenous and Latin American issues. The thoughts and attitudes that would mark us in the early 1970s were beginning to emerge. The Chilean cultural environment contributed greatly to this Chile that was taking shape, and graphic design played an active role in this change.

En los años 60 Chile era un país muy provinciano y distante de lo que ocurría en el «mundo desarrollado». Teníamos una expresión cultural acorde con nuestra realidad y con un interés creciente en lo social, autóctono y latinoamericano. Comenzaban a aflorar los pensamientos y actitudes que nos marcarían a principios de los años 70. El ambiente cultural chileno aportó mucho a este Chile que se estaba fraguando y la gráfica fue parte muy activa de este cambio.

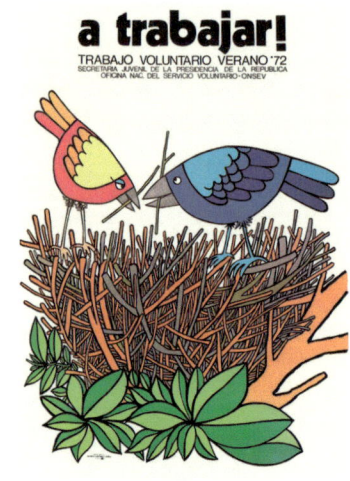

Cartel · Vicente y Antonio Larrea + Luis Albornoz · 1972

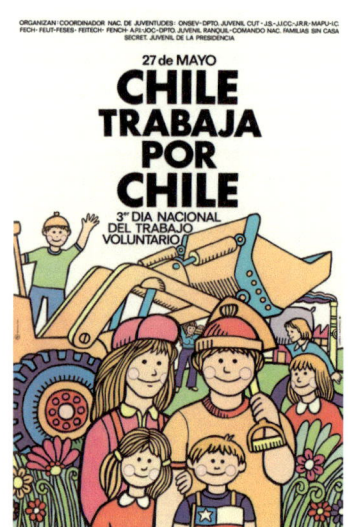

Cartel · Vicente y Antonio Larrea + Luis Albornoz · 1972

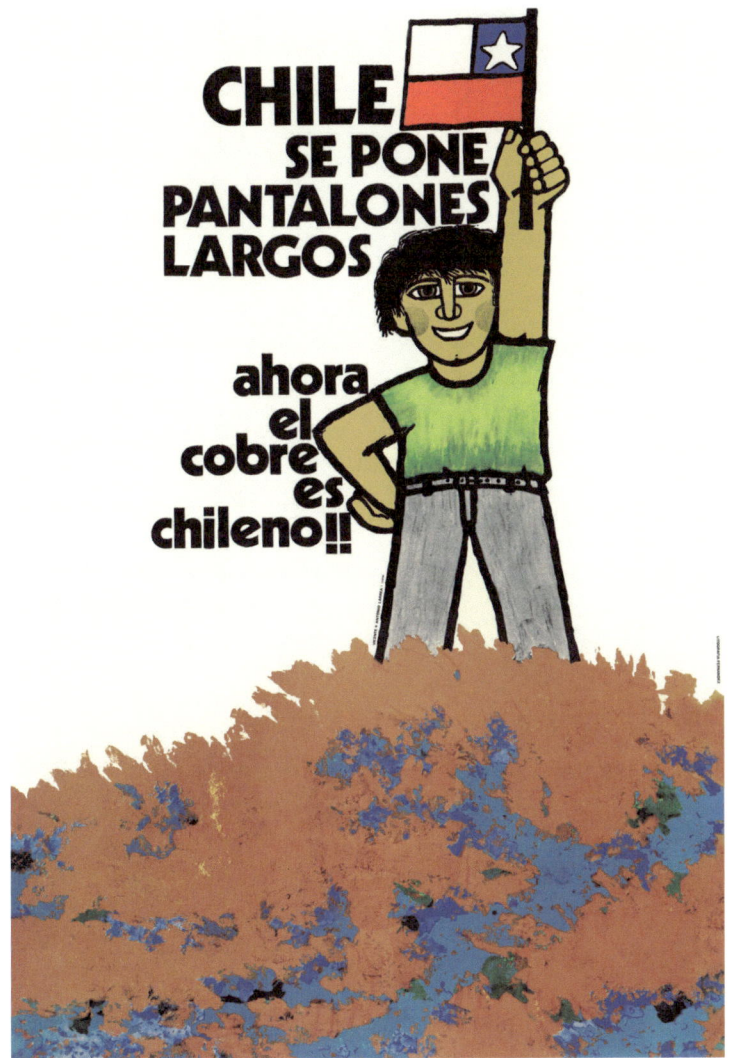

CHILE SE PONE PANTALONES LARGOS

ahora el cobre es chileno!!

Cartel · Vicente y Antonio Larrea + Luis Albornoz · 1971

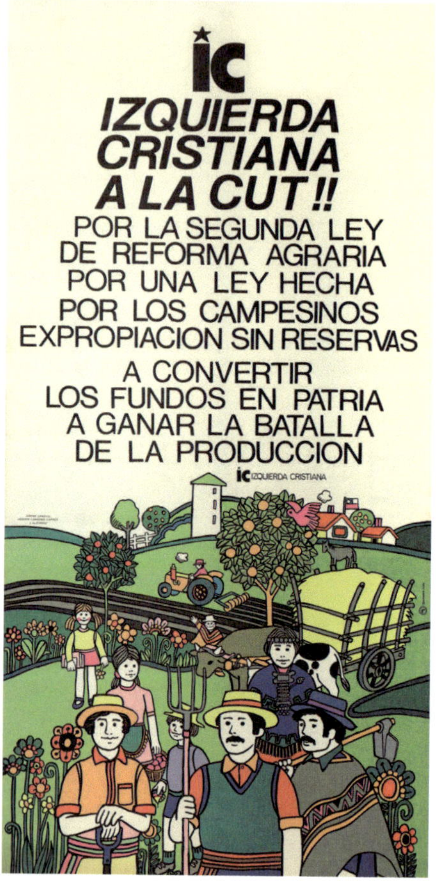

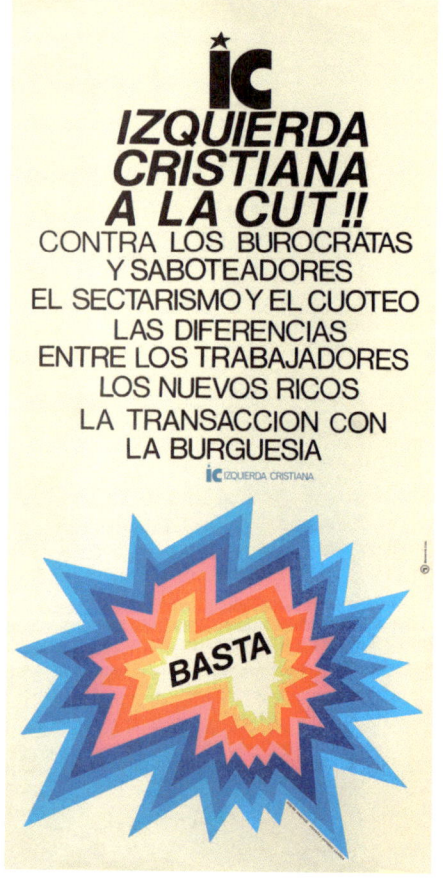

IZQUIERDA CRISTIANA A LA CUT!!
POR LA SEGUNDA LEY
DE REFORMA AGRARIA
POR UNA LEY HECHA
POR LOS CAMPESINOS
EXPROPIACION SIN RESERVAS

A CONVERTIR
LOS FUNDOS EN PATRIA
A GANAR LA BATALLA
DE LA PRODUCCION

IZQUIERDA CRISTIANA

IZQUIERDA CRISTIANA A LA CUT!!
CONTRA LOS BUROCRATAS
Y SABOTEADORES
EL SECTARISMO Y EL CUOTEO
LAS DIFERENCIAS
ENTRE LOS TRABAJADORES
LOS NUEVOS RICOS
LA TRANSACCION CON
LA BURGUESIA

IZQUIERDA CRISTIANA

BASTA

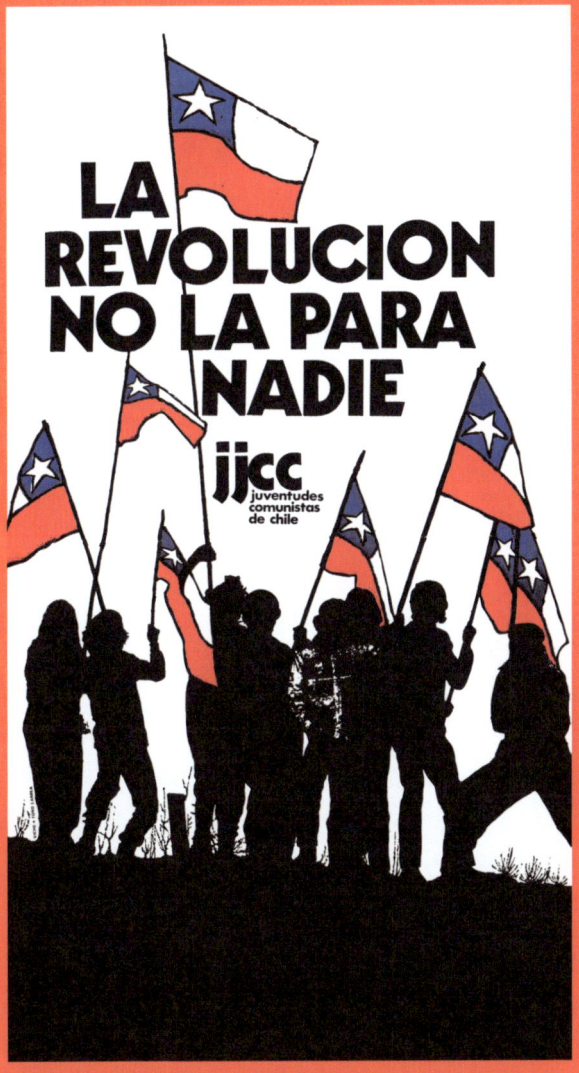

LA REVOLUCION NO LA PARA NADIE

jjcc
juventudes
comunistas
de chile

Cartel · Vicente y Antonio Larrea · 1971

Carteles · Vicente y Antonio Larrea + Luis Albornoz · 1971–1973

PROVOKE / PROVOCAR

Everything we did and continue to do is entirely intentional. We have always tried to provoke; it is part of our job to provoke positively. We have never done anything violent. I once made a mistake by drawing two or three clenched fists, although now I don't see the point of it, but we always tried to provoke because doing things half-heartedly doesn't inspire anyone. I believe that communication has to be provocative; it has to grab your attention in a positive way so that you focus on the message.

Todo lo que hicimos y lo que seguimos haciendo es absolutamente intencional. Siempre hemos intentado provocar, es parte de nuestro trabajo provocar positivamente. No hemos hecho nunca nada violento, alguna vez metí la pata dibujando dos o tres puños cerrados aunque ahora no le encuentro ninguna inteligencia; pero nosotros siempre intentábamos provocar porque hacer las cosas tibias no entusiasma a nadie. Creo que la comunicación tiene que ser provocativa, te tiene que llamar la atención positivamente para que tu atención se fije en ese mensaje.

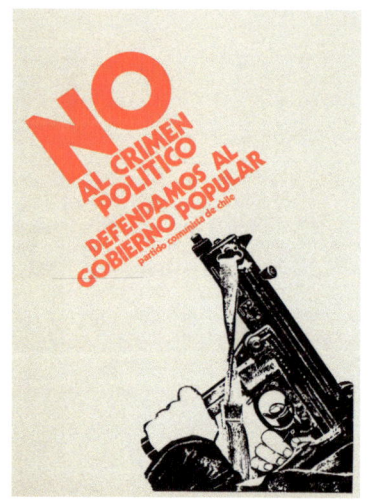

Cartel · Vicente y Antonio Larrea · ca. 1970

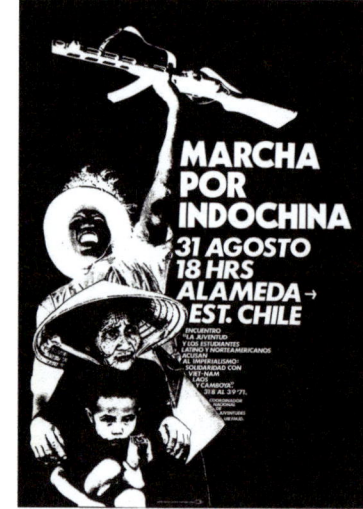

Cartel · Vicente y Antonio Larrea · 1971

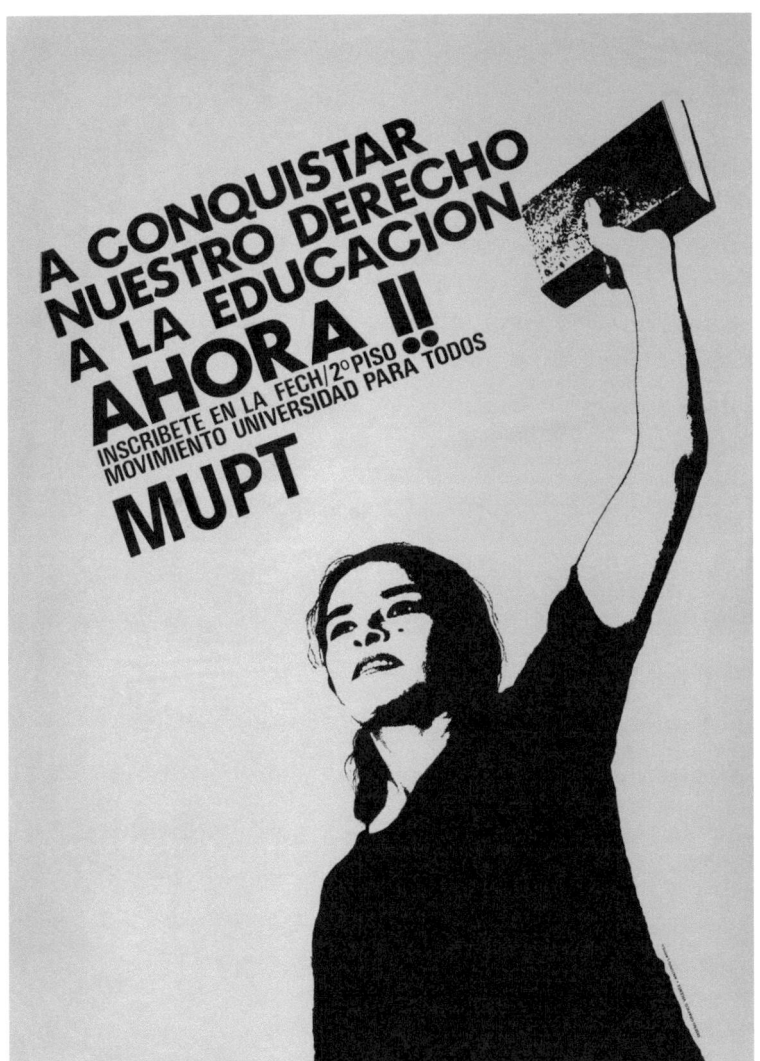

A CONQUISTAR
NUESTRO DERECHO
A LA EDUCACION
AHORA !!
INSCRIBETE EN LA FECH/2°PISO ‥
MOVIMIENTO UNIVERSIDAD PARA TODOS

MUPT

TRUTH / VERACIDAD

For many years now, I have refrained from depicting anything that could be interpreted as hateful or violent. I am very distant from partisan politics and religious beliefs. I have never been good at being directed, especially by people who are not qualified to do so, but I do respect the teachings of those who know more than I do. I strive to ensure that our work is widely beneficial, that it communicates truthfully and that it contributes to quality of life and culture. I try not to be manipulated or manipulative. Naivety is a serious social irresponsibility in graphic communication.

Hace muchos años que me abstengo de graficar lo que pueda significar odio o violencia. Estoy muy distante de la política partidista y de las creencias religiosas. No serví nunca para ser dirigido y menos por personas que no están capacitadas para eso pero sí acato enseñanzas de quienes saben más que yo. Me ocupo en que nuestro trabajo sea de beneficio amplio, que comunique verazmente y sea un aporte en calidad de vida y cultura. Intento no ser manipulado ni manipulador. La ingenuidad es una irresponsabilidad social grave en la gráfica comunicacional.

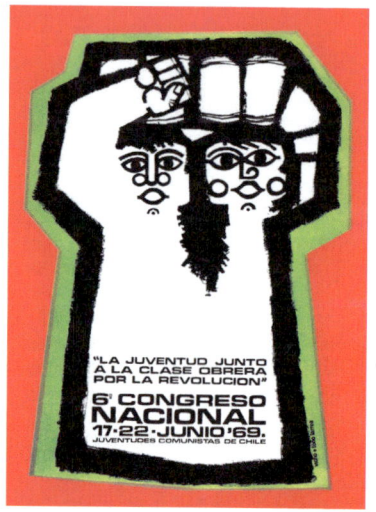

Cartel · Vicente y Antonio Larrea · ca.1969

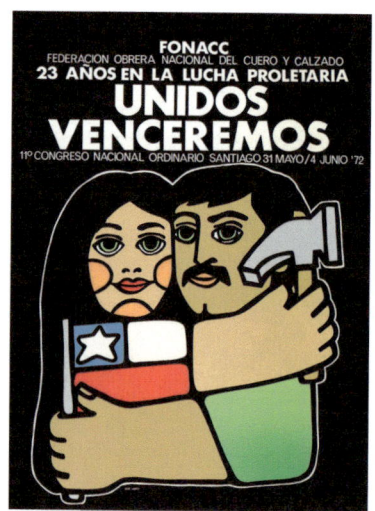

Cartel · Vicente Larrea y Ximena del Campo · 1972

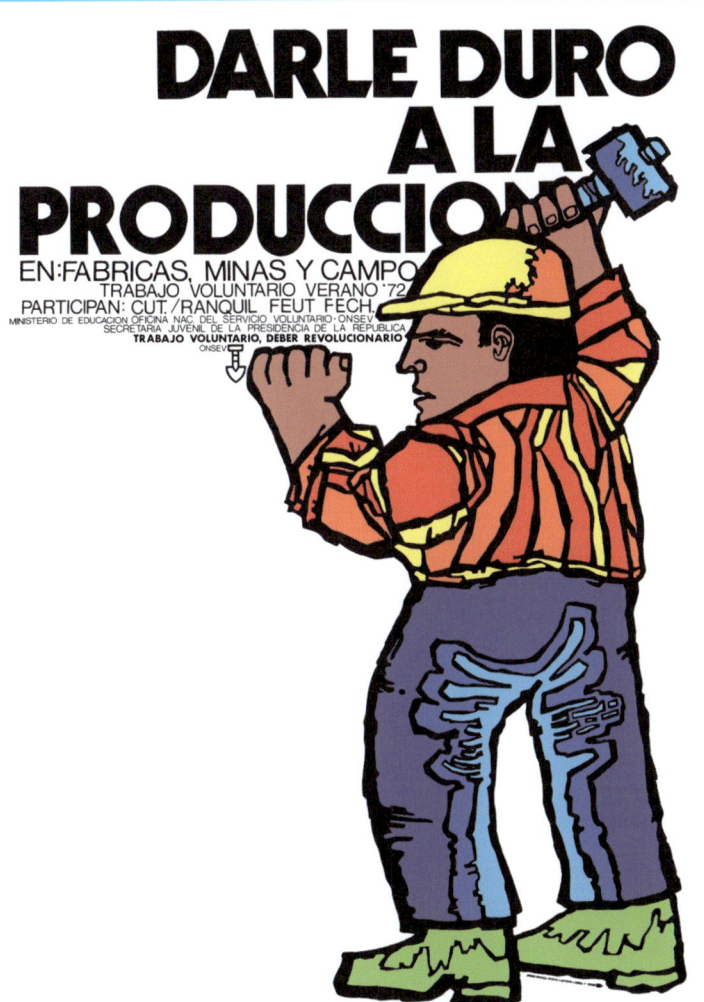

DARLE DURO
A LA
PRODUCCIÓN

EN: FABRICAS, MINAS Y CAMPO
TRABAJO VOLUNTARIO VERANO '72
PARTICIPAN: CUT. / RANQUIL FEUT FECH.
MINISTERIO DE EDUCACION OFICINA NAC. DEL SERVICIO VOLUNTARIO · ONSEV
SECRETARIA JUVENIL DE LA PRESIDENCIA DE LA REPUBLICA
TRABAJO VOLUNTARIO, DEBER REVOLUCIONARIO
ONSEV

INFLUENCES / INFLUENCIAS

Seymour Chwast and Milton Glaser
—*Push Pin Studios*— have work that is
absolutely intentional because they
have an intention, they develop it and
convey it in their messages, and that
is why their messages work. That's
why Saul Bass's posters work and
Herb Lubalin's typography works.
But someone who had a much more
intense influence on us was Ben Shahn.
From him we learned a style that is
that of the typography in the *Unidad*
***Popular*. Well, those are our teachers,**
from a distance. Those people had to
be very convinced for three young
people here at the end of the world
to feel the same way.

Seymour Chwast y Milton Glaser
—*Push Pin Studios*— tienen un trabajo
que es absolutamente intencional
porque ellos tienen una intención, la
maduran y la emiten en sus mensajes,
y por eso sus mensajes funcionan.
Por eso los afiches de Saul Bass y la
tipografía de Herb Lubalin funcionan.
Pero alguien que influyó mucho más
intensamente en nosotros fue Ben
Shahn, de él aprendimos un estilo
que es el de la tipografía en la *Unidad*
Popular. Bueno, esos son nuestros
maestros, a distancia. Esa gente tuvo
que estar muy convencida para que
tres jóvenes acá en la cola del mundo
sintiéramos eso mismo.

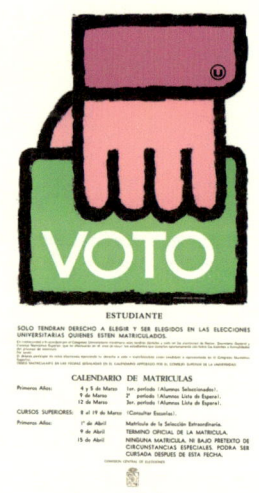

Cartel · Vicente y Antonio Larrea · s.f.

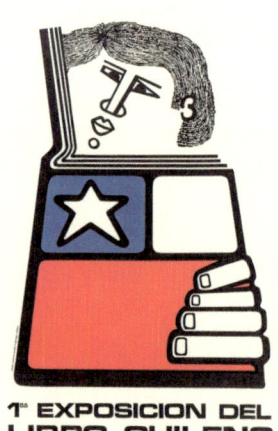

Cartel · Vicente y Antonio Larrea · ca. 1968-1973

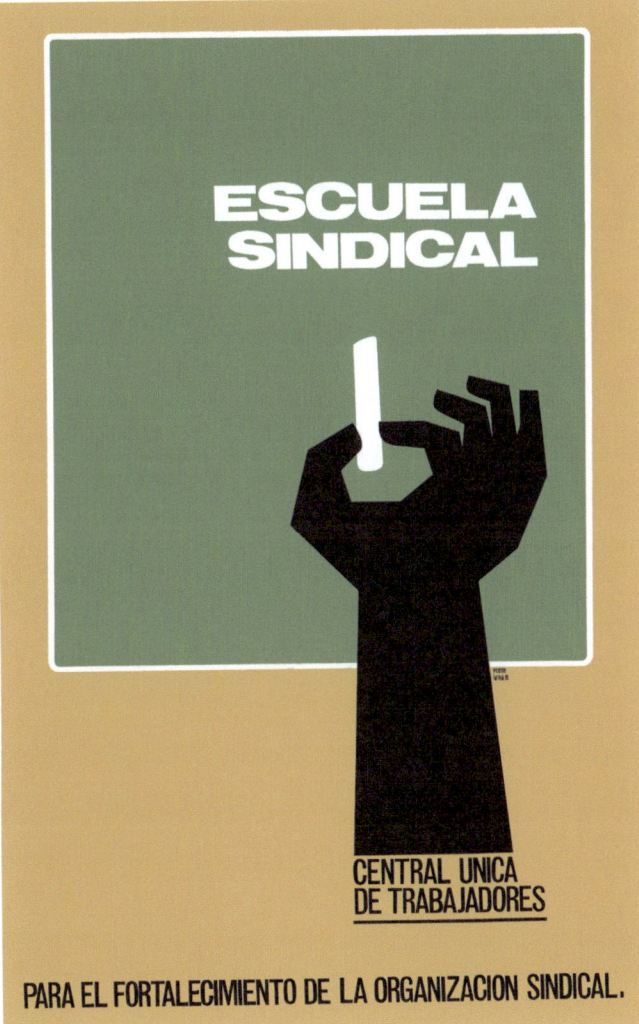

LETTERS / LETRAS

When I saw Ben Shahn's work, I said to myself, 'This is so easy that even I can do it,' because I am not a typographer. I have neither the discipline nor the knowledge to design typography. That is where the letters of *Quilapayún* come from, inspired by those Ben used in social posters and social criticism. They are not invented letters; we took them and adapted them for speed and ease of drawing on both posters and album covers. That's why they say we did the typography for the *Unidad Popular*, but that's not the case. We didn't invent much; we adapted, took, and drew.

Al ver el trabajo de Ben Shahn me dije «esto es tan fácil que hasta yo puedo hacerlo» porque no soy un tipógrafo. No tengo ni la disciplina ni los conocimientos para poder diseñar tipografía. De ahí salen las letras de *Quilapayún* que están inspiradas en las que usó Ben en carteles sociales y de crítica social. No son letras inventadas, las tomamos, las fuimos adaptando por prisa y por facilidad de dibujo tanto en afiches como en las carátulas de disco. Por ello dicen que nosotros hicimos la tipografía de la *Unidad Popular*, pero no es así. No hemos inventado gran cosa, adecuamos, tomamos, graficamos.

(1) DICAP · Vicente Larrea · 1968 (2) Memoria del Cantar Popular · Vicente Larrea · 1998 (3) DICAP · Vicente Larrea · 1970 (4) Quilapayún · Vicente Larrea · 1969 (5) Inti-illimani · Vicente Larrea · 1969 (6) Pettinellis · Luis Albornoz y Vicente Larrea · 1998 (7) Nueva Canción Chilena · Vicente Larrea · 1996 (8) Kamac Pacha Inti · Vicente Larrea · 1972 (9) Kalfu · Vicente Larrea · 1996 (10) Illapu · Vicente Larrea · 1970

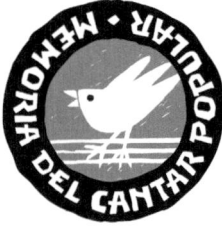

1

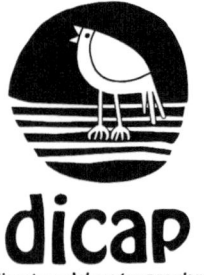

2

3

QUILAPAYUN

4

inti-illimani

5

KAMAC PACHA INTI

8

PETTINELLIS

6

kalfu
GRUPO MUSICAL

9

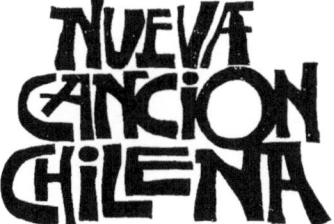

7

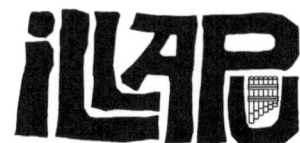

10

PEOPLE / PUEBLO

We identified our work as social work because it was not consumer-oriented and was aimed at the entire Chilean people. We created a style that was easily understood. There is no doubt that social thinking, the concepts of social justice, equality and ownership of Chilean heritage came naturally to us, and we also saw the contempt for these handcrafted items, due to a lack of knowledge and culture on the part of those who despised them.

Identificamos nuestro trabajo como un trabajo social porque no era de consumo y estaba dirigido a todo el pueblo chileno. Creamos un estilo que se entendía fácilmente. Es indudable que el pensamiento social, los términos de justicia social, de igualdad y de dueños del patrimonio chileno nos fluía naturalmente y también veíamos el desprecio por estas cosas artesanales, por falta de conocimiento y por falta de cultura de quienes desprecian.

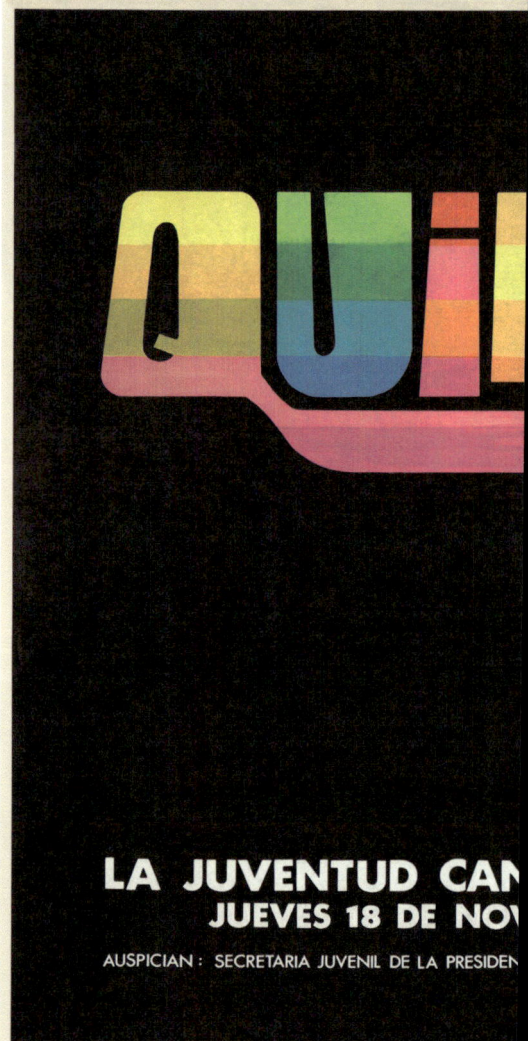

Cartel · Vicente y Antonio Larrea · 1971

APTYUN

DO CONSTRUYE LA PATRIA NUEVA
RE A LAS 20 HRS. TEATRO CAUPOLICAN

REPUBLICA · SECRETARIA NACIONAL DE EXTENSION Y COMUNICACIONES DE LA U.T. DEL ESTADO

DISEÑO GRAFICO/VICENTE + ANTONIO LARREA

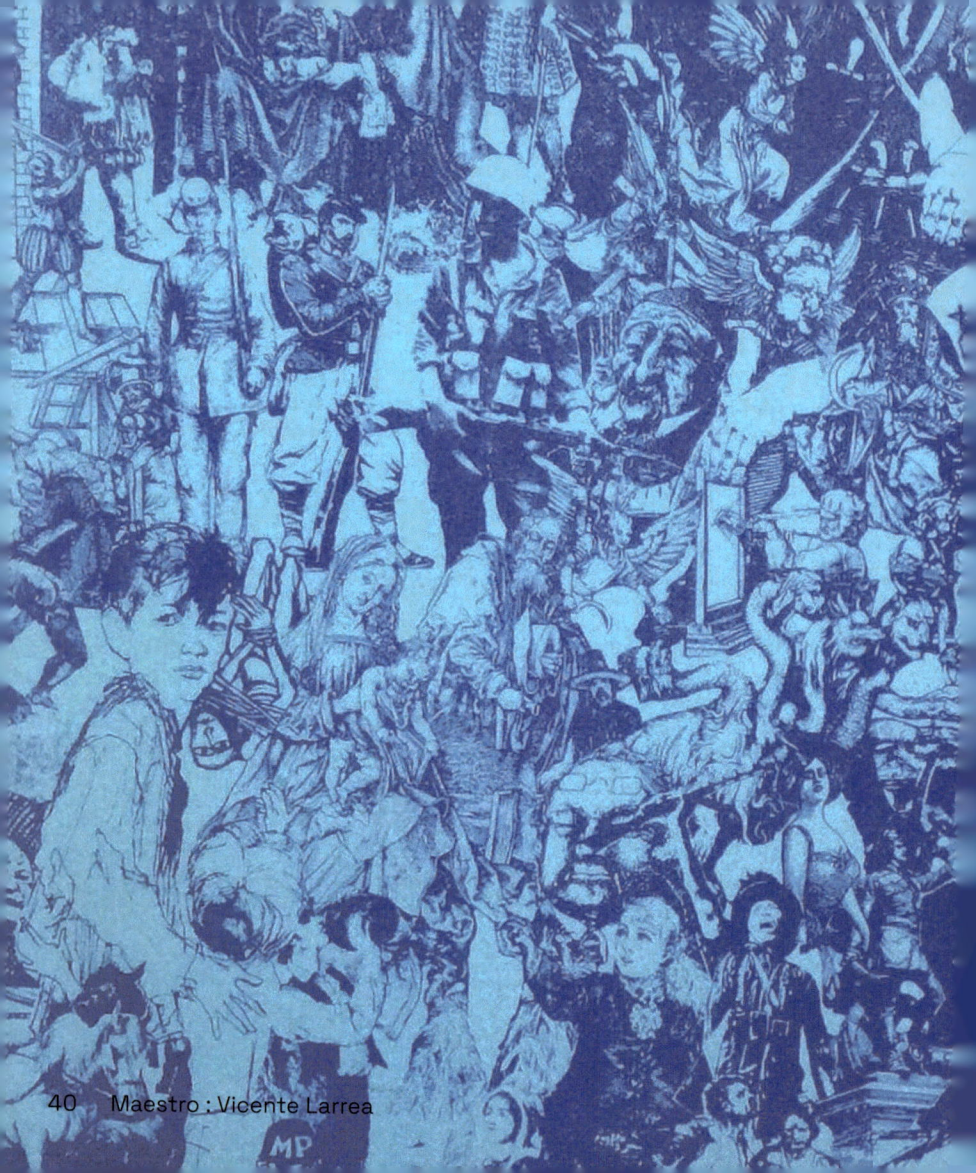

40   Maestro : Vicente Larrea

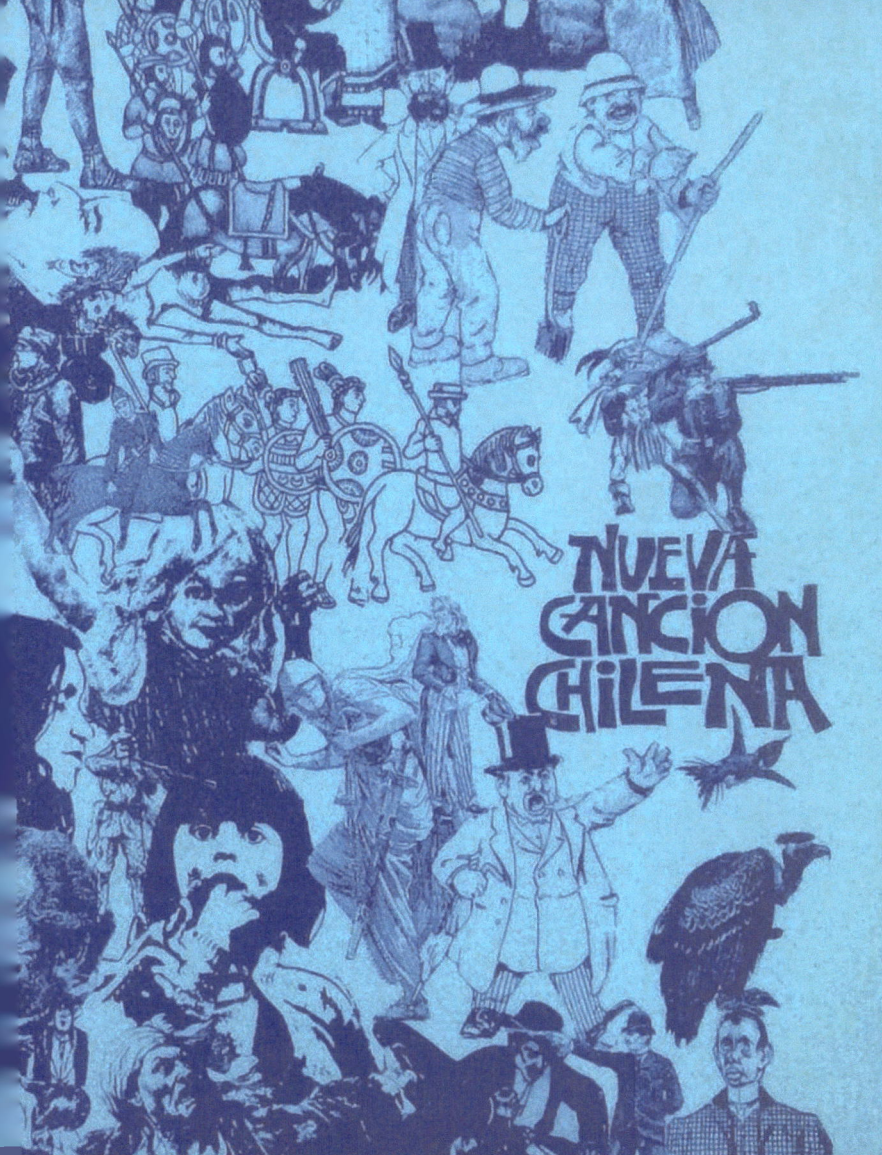

NUEVA CANCION CHILENA

Carátula de disco (detalle) · Vicente y Antonio Larrea + Luis Albornoz · 1972

DISCOTECA DEL CANTAR POPULAR

It was as simple as a phone call. That's how the *New Chilean Song* began, with a call from Carlos Quezada, a member of *Quilapayún* whom we met at the School of Applied Arts. He was studying ceramics and I was studying graphic design. The first cover was *Víctor Jara plus Quilapayún*, 'Folk songs of America.' He explained it to me and I said, 'I see it like the customs officer Rousseau when he painted those tropical things as he imagined them in France without ever having been to Latin America, lots of vegetation and some animals... I think we're going to put different styles of parrots, parakeets or toucans.' It came out right the first time.

Tan simple como una llamada de teléfono, así empezó la *Nueva Canción Chilena*, con un llamado de Carlos Quezada, miembro del *Quilapayún* con el cual coincidimos en la Escuela de Artes Aplicadas, él estudiaba cerámica y yo gráfica. La primera carátula era *Víctor Jara más Quilapayún* «Canciones folklóricas de América». Me lo explica y le digo «yo lo veo como el aduanero Rousseau cuando pintó esas cosas tropicales como él se las imaginaba en Francia sin haber estado nunca en Latinoamérica, mucha vegetación y algunos animales... creo que vamos a poner diferentes estilos de loro, cotorras o tucanes». Me salió a la primera.

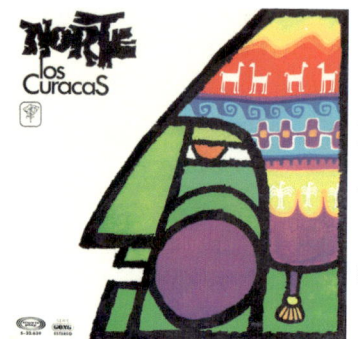

Vicente y Antonio Larrea · 1970

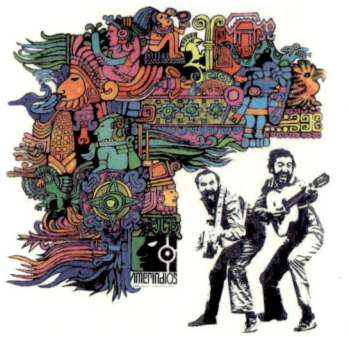
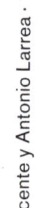

Vicente y Antonio Larrea · 1970

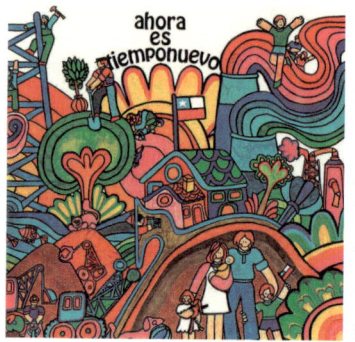

Vicente y Antonio Larrea · 1971

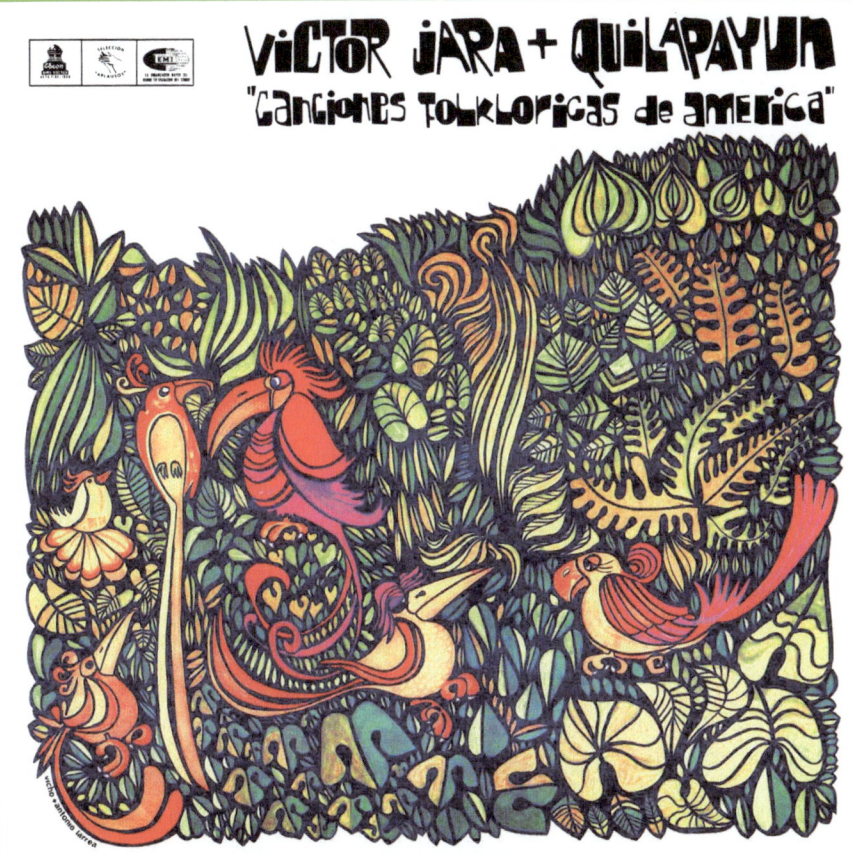

VICTOR JARA + QUILAPAYUN
"Canciones folkloricas de America"

Antonio Larrea

When the Communist Youth organised Dicap, it was with the aim of making music with political content accessible to the general public.

Cuando las Juventudes Comunistas organizan Dicap era con el objetivo de que la música con contenido político fuera asequible al gran público.

Antonio y Vicente Larrea · 1968

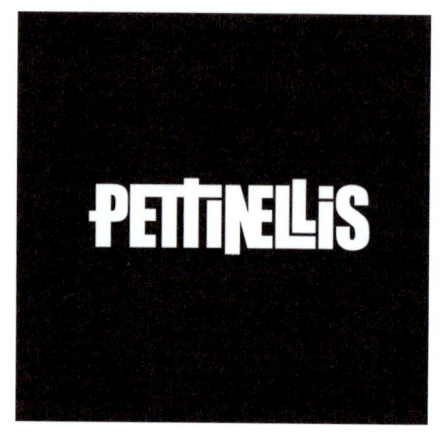

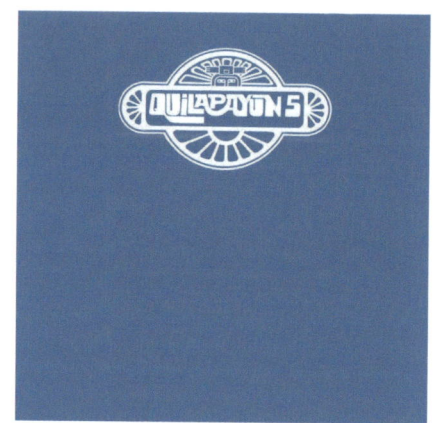

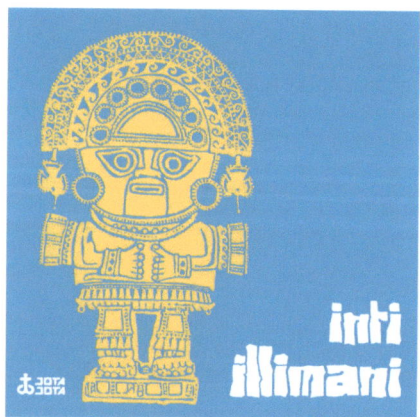

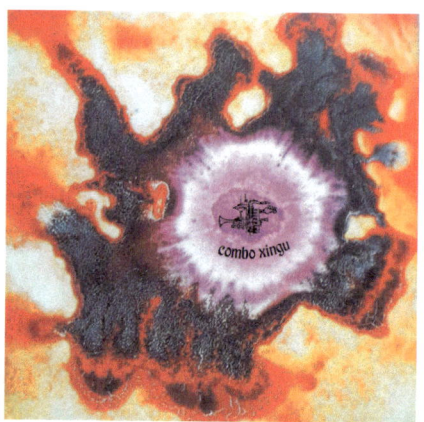

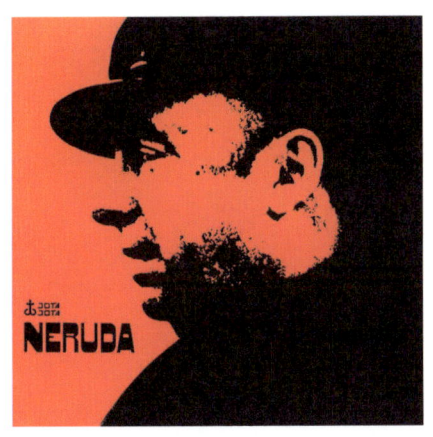

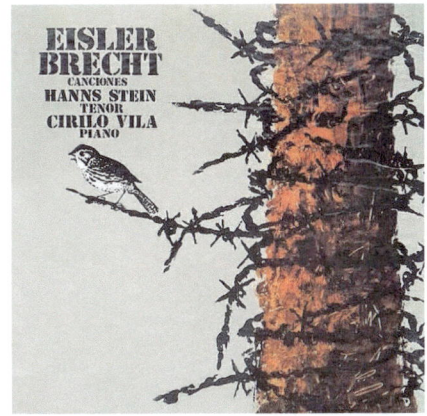

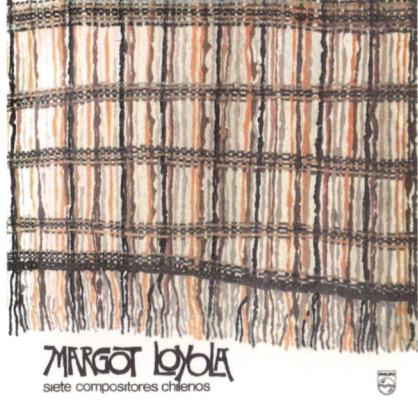

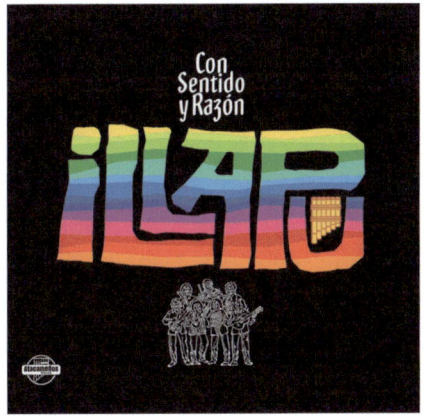

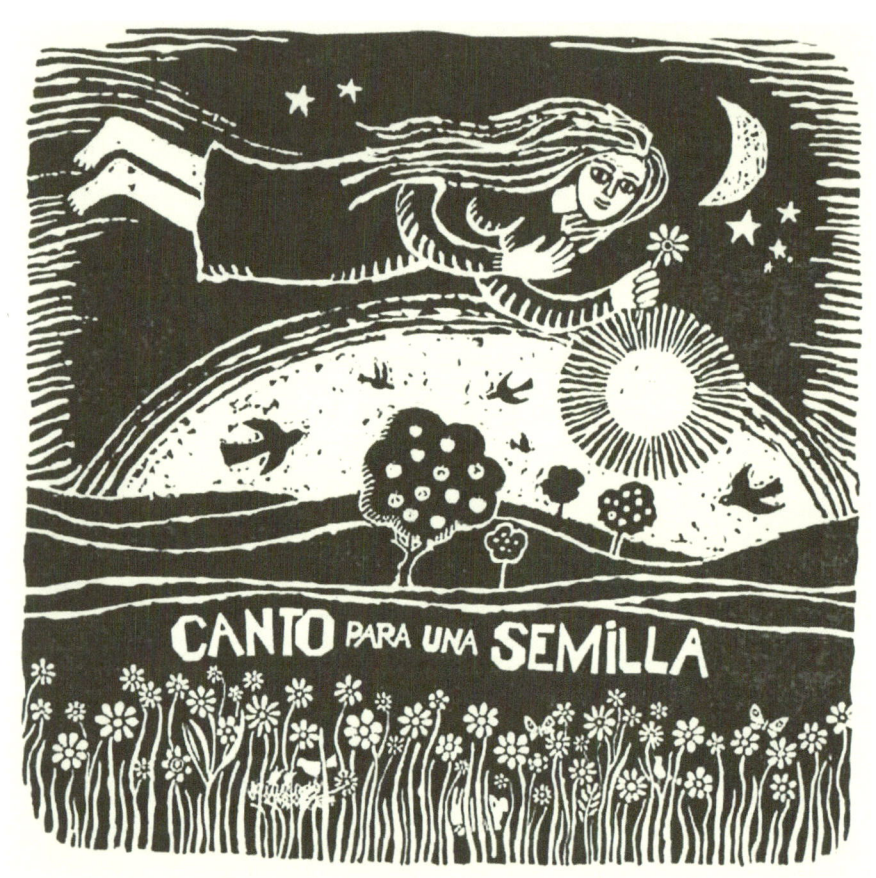

CANTO PARA UNA SEMILLA

46   Master : Vicente Larrea

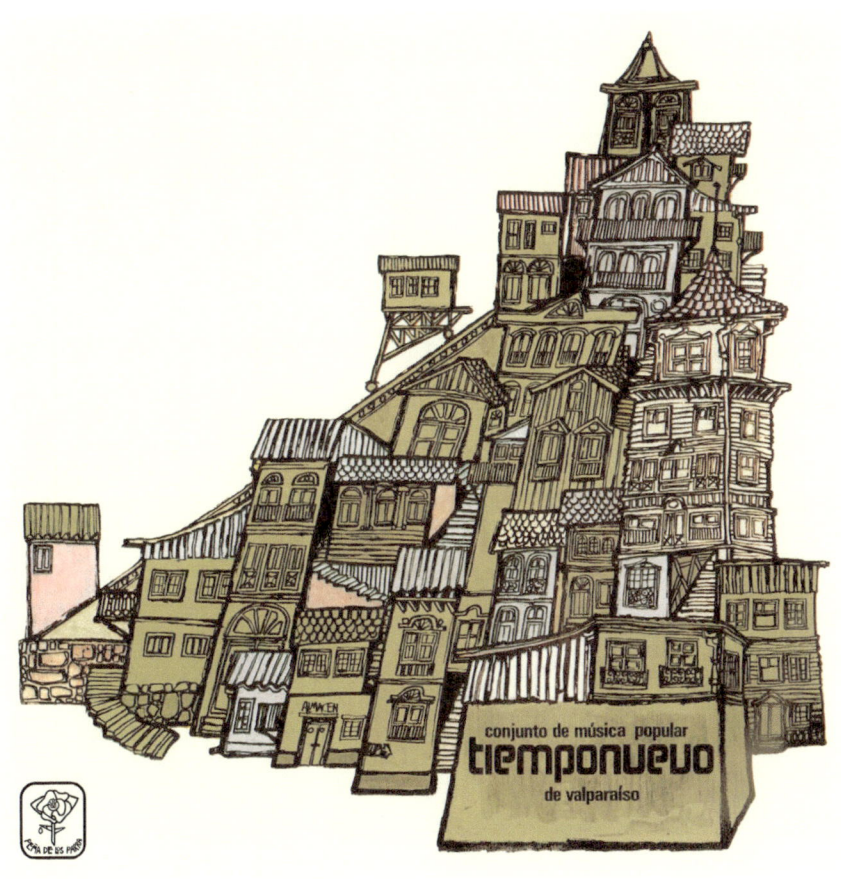

(Isabel Parra / Inti-Illimani / Carmen Bunster: *Canto para una semilla*)
(Conjunto de música popular Tiemponuevo de Valparaíso: *Tiempo Nuevo*)

Antonio y Vicente Larrea + Luis Albornoz · 1973 | 1970

GAME / JUEGO

There were ways to adapt, for example, that photo of Ángel Parra with the big glasses is intentional, we put the big glasses on him because the structure in the sketches was a bit pop and a bit fashionable; they were glasses that were worn throughout the psychedelic era, Ángel Parra never wore them, but we put them on him and he played along, and we explained to him, 'your face in high contrast with your very authentic Chilean features, with your big black and white moustache and all the colourful glasses, is because we are seeing a world that has both contrasts and we were living it in Chile'.

Había formas que se adaptaban, por ejemplo, esa foto de Ángel Parra con los anteojos grandes es a propósito, le pusimos los anteojos grandes porque la estructura en los bocetos era de canciones un poco pop y un poco de moda; eran anteojos que se usaban en toda la psicodelia, no los usó nunca Ángel Parra pero se los pusimos y él participó del juego y le explicamos «tu rostro en alto contraste con tus facciones bien auténticas chilenas, con tu mostacho grande blanco y negro, y toda la parte de los anteojos colorida es porque estamos viendo un mundo que tiene los dos contrastes y lo estábamos viviendo en Chile».

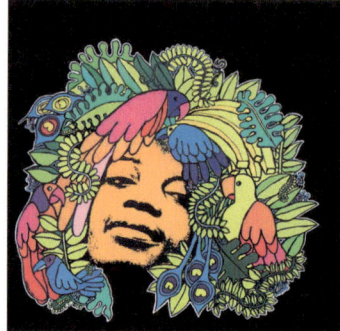

Vicente y Antonio Larrea · 1972

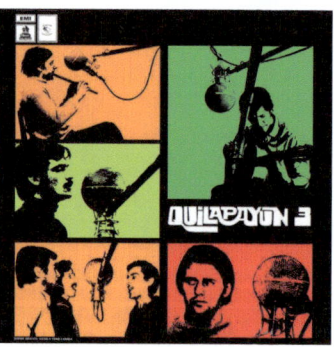

Vicente y Antonio Larrea · 1969

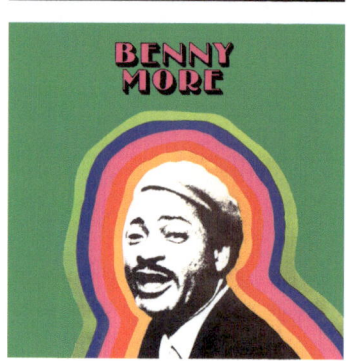

Vicente y Antonio Larrea · 1971

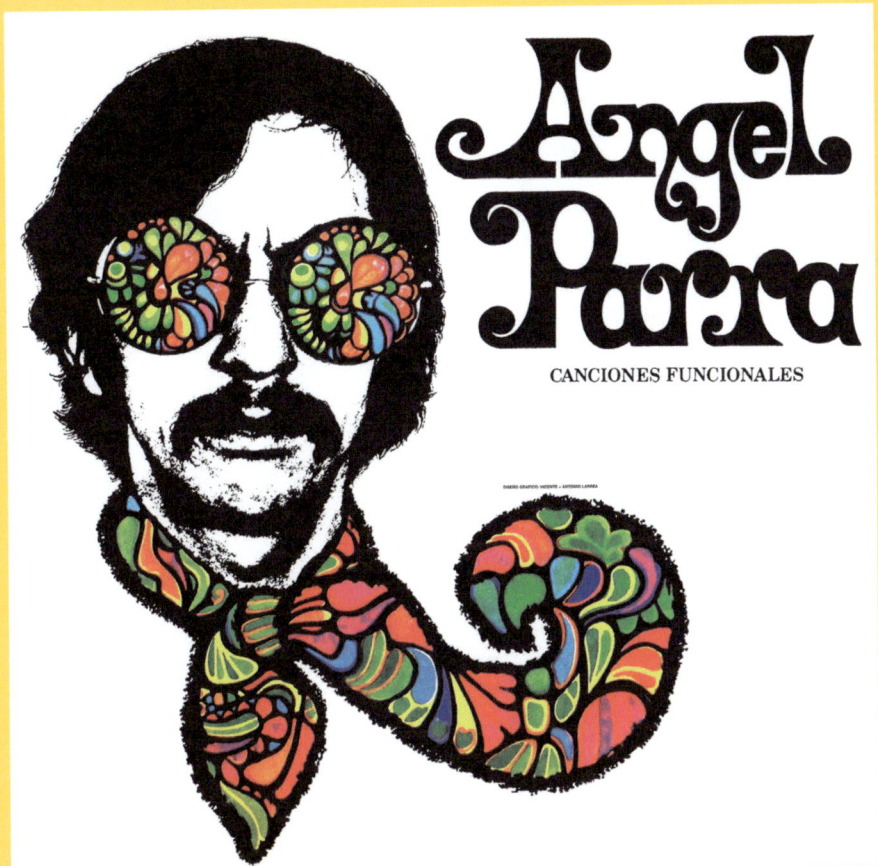

(*Angel Parra Interpreta a Atahualpa Yupanqui*) · Antonio y Vicente Larrea · 1969

DISCOTECA DEL CANTAR POPULAR #2

... then another groundbreaking one came along, we were commissioned *X Vietnam* as well, with *Quilapayún*. We had the latest information, so we went to the PLA bookshop —Prensa Librería Latinoamericana— and while looking for information in magazines printed in China, we found a photo of a guerrilla fighter with his entire platoon behind him and the jungle in the background. Toño isolated it with white tempera, cut it out by hand, took a photograph of it and began the high-contrast process, presenting three exposures with three different times and three different sizes on the same paper, and that would be the cover without any title.

... después vino otra que es rupturista, nos encargan *X Vietnam* también con los *Quilapayún*. Teníamos la información al día así que nos fuimos a la librería PLA —Prensa Librería Latinoamericana— y buscando información en revistas impresas en China aparece la foto de un guerrillero con todo el pelotón detrás y al fondo la selva. Toño la aísla con tempera blanca, la recorta manualmente, le toma una fotografía y empieza el proceso de alto contraste, presenta tres exposiciones con tres tiempos diferentes y con tres tamaños diferentes sobre el mismo papel y esa sería la carátula sin ningún título.

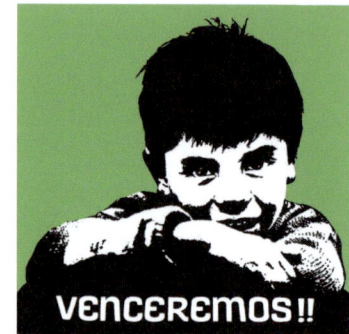

Vicente y Antonio Larrea · 1971

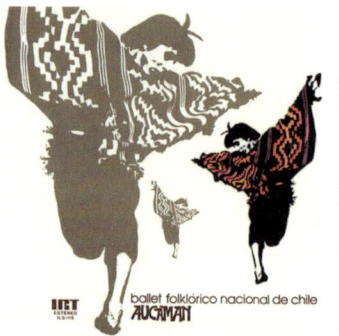

Vicente y Antonio Larrea · 1972

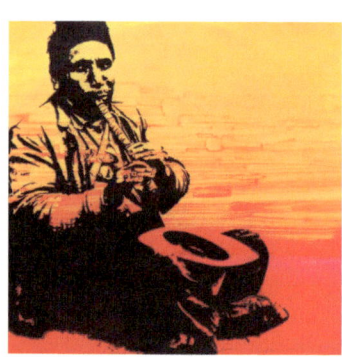

Vicente y Antonio Larrea · 1971

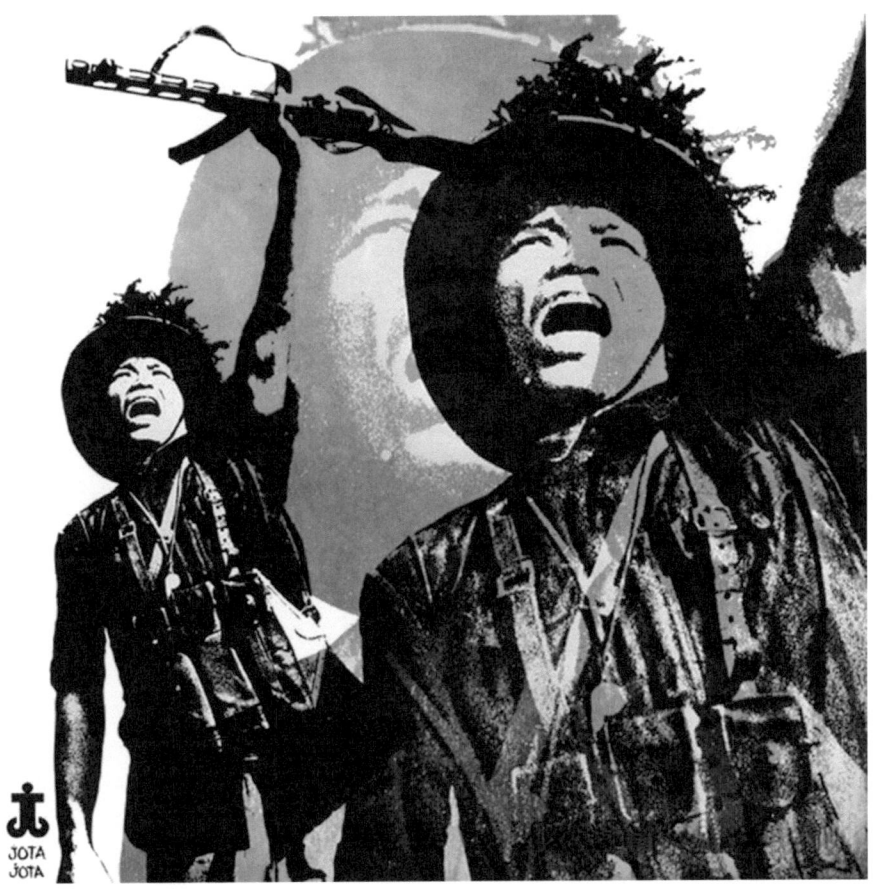

JOTA
JOTA

(Quilapayún: *X Viet-Nam*) · Antonio y Vicente Larrea · 1968

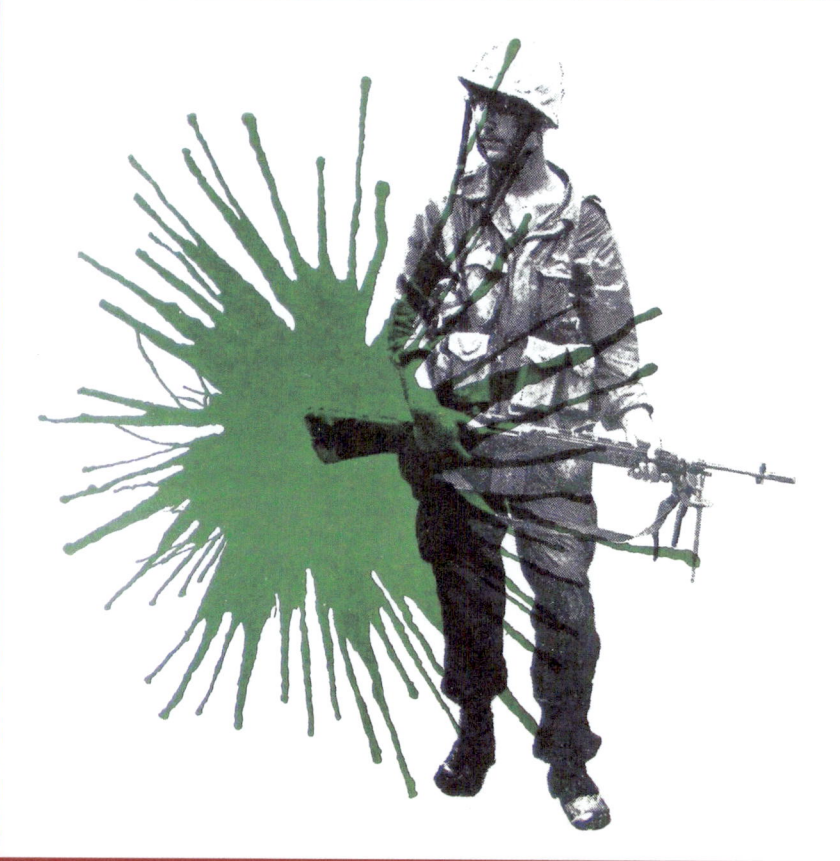

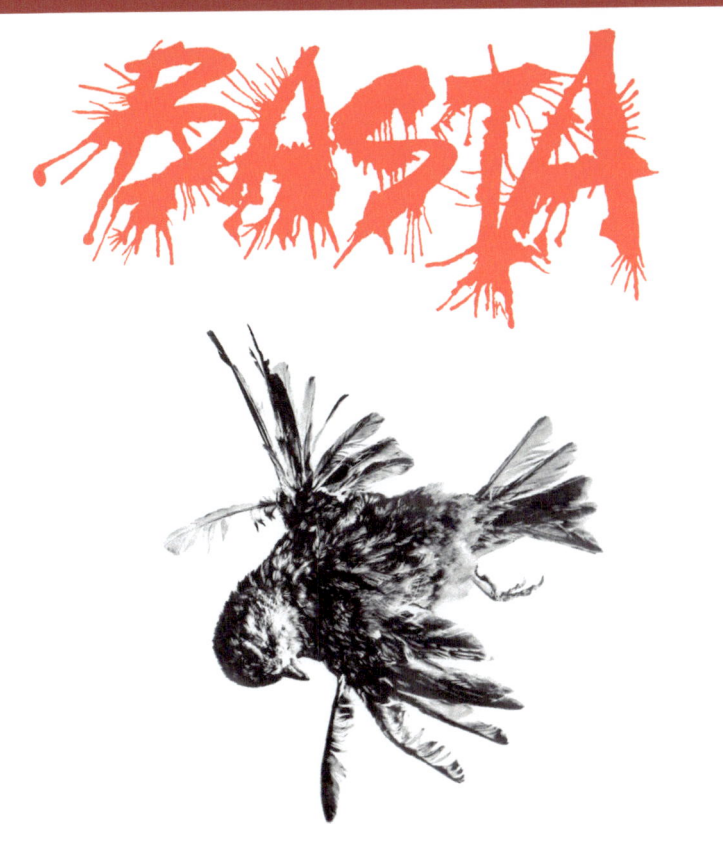

(Quilapayún: *Basta*) · Antonio y Vicente Larrea + Luis Albornoz · 1969

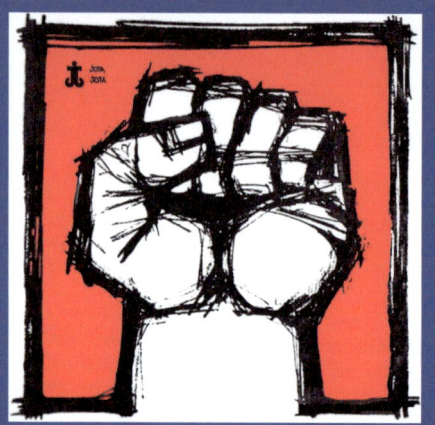

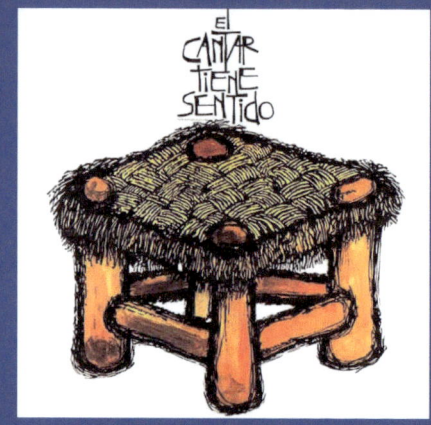

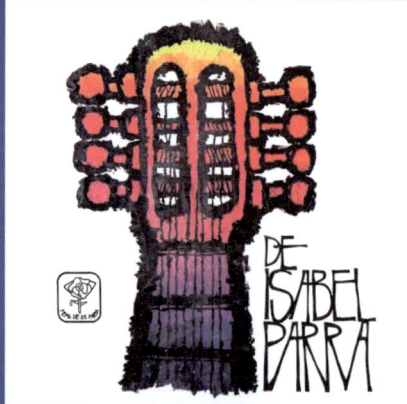

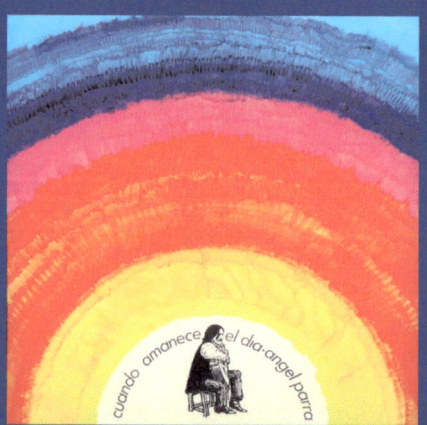

1969 | 1971
1969 | 1972

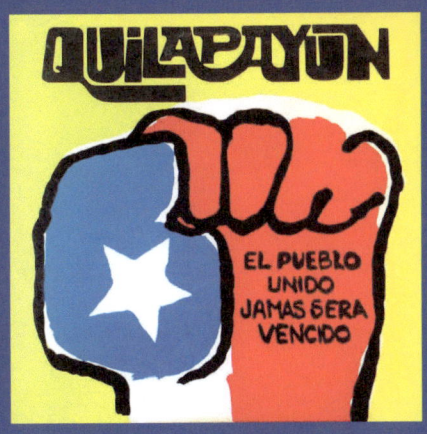

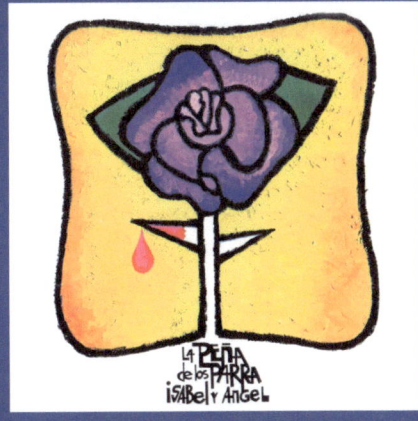

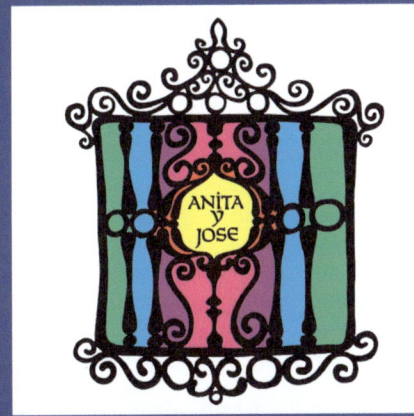

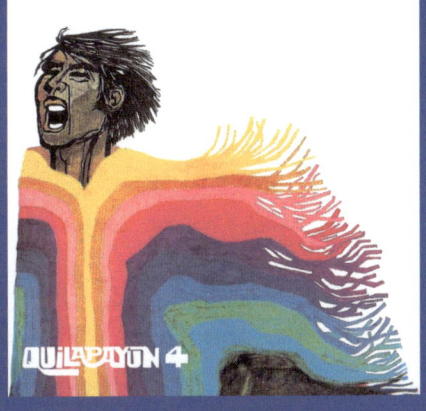

It's very simple, the contact is between friends who share a similar feeling, them in music, us in graphics, and we complement each other. There were no cultural managers —as they say today— Víctor Jara was a very straightforward, very simple and very direct person. We never had any ceremony or any complications in communicating with each other. Our job is to explain the theme and content of the album well because the album is culture, and for it to be culture, we have to educate people about what they are studying, what they are listening to. What they hear is one thing, and what they see is another.

Es muy simple, el contacto es entre amigos que tenemos un sentimiento similar, ellos en la música, nosotros en la gráfica y nos complementamos. No había gestores culturales —como se dice hoy día—, Víctor Jara era una persona muy sencilla, muy simple y muy directa. Nunca tuvimos ninguna ceremonia ni ninguna complicación para comunicarnos. Nuestro trabajo es explicar bien la temática, el contenido del disco, porque el disco es cultura y para que sea cultura tenemos que educar a la gente en lo que está estudiando, en lo que está escuchando. Una cosa es lo que escuchan y otra cosa es lo que ven.

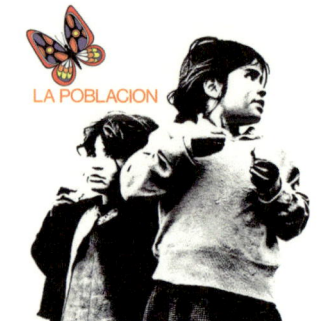

Vicente y Antonio Larrea · 1972

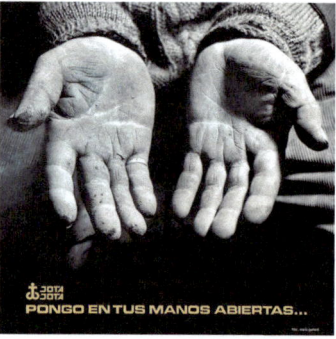

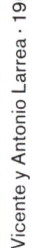

Vicente y Antonio Larrea · 1969

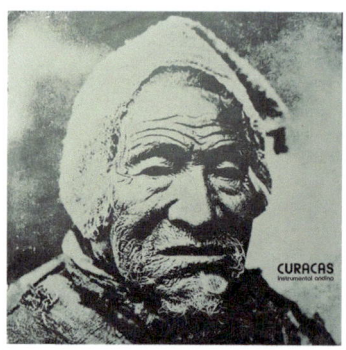

Vicente y Antonio Larrea · 1972

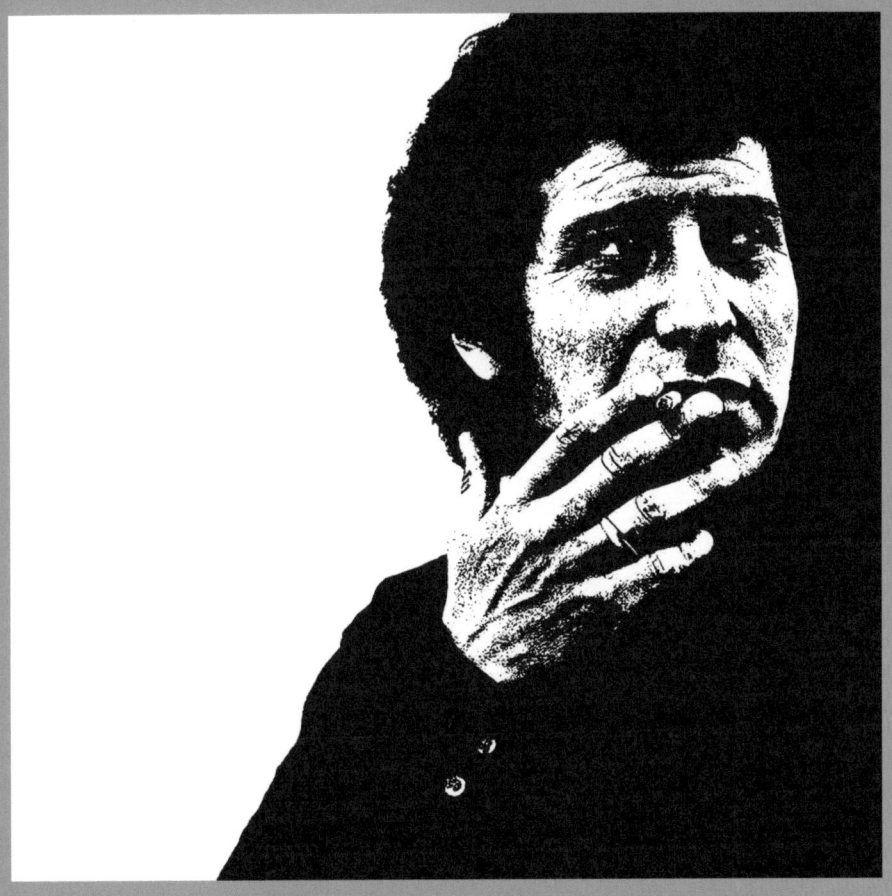

Antonio Larrea brought photography to the fore thanks to the 'contratipo', a high-contrast process using photo-screen printing.

Antonio Larrea dio protagonismo a la fotografía gracias al «contratipo», un proceso técnico de alto contraste mediante la fotoserigrafía.

(Victor Jara: *El derecho de vivir en paz*) · Antonio y Vicente Larrea · 1971

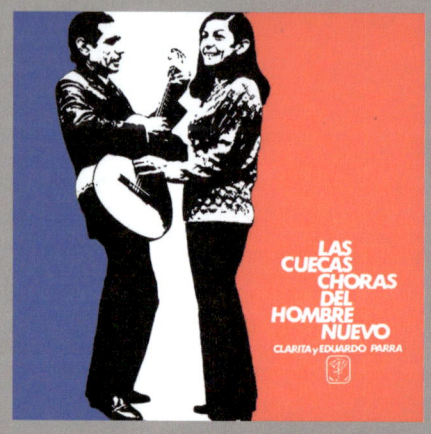

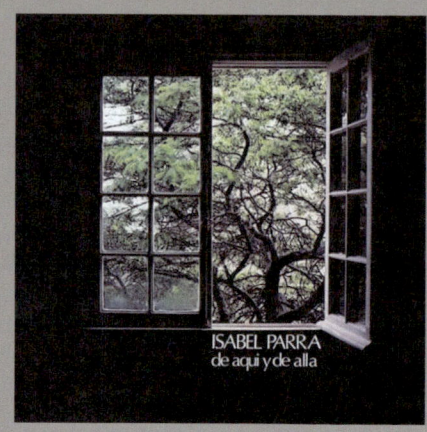

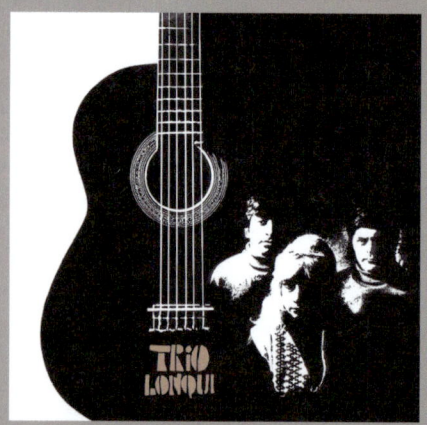

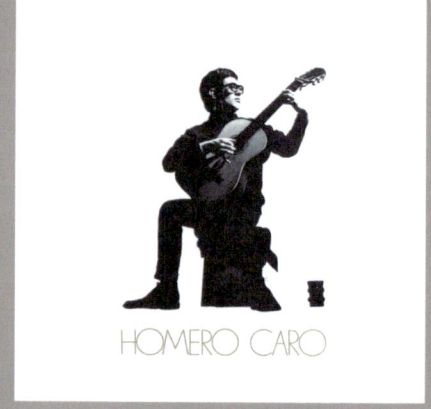

1971 | 1971
—|—
1970 | 1971

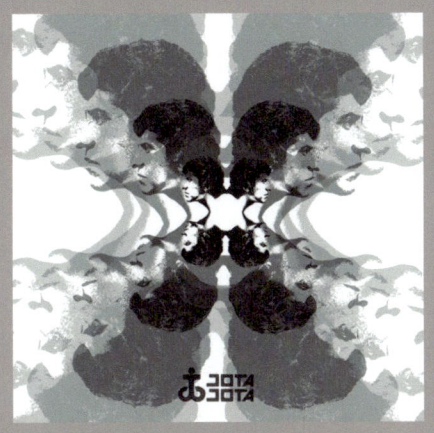

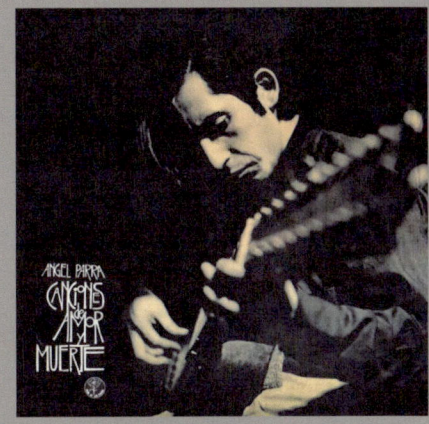

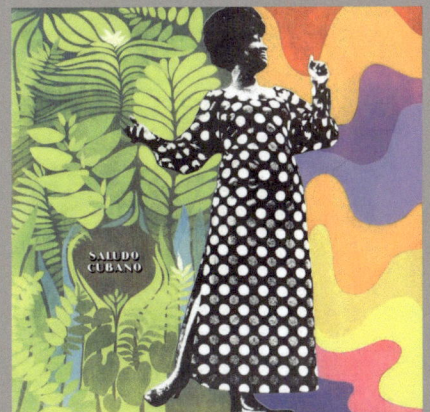

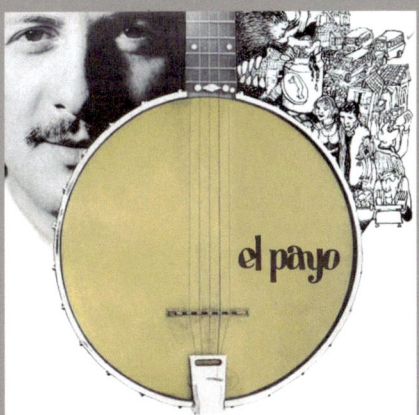

SOUL / ALMA

Noise, smoke, make-up, excesses, preaching and rushing around only serve to cover up realities that are uncomfortable to face. The accurate and sincere answers lie within each of us. Those who remain absent behind their screens and bizarre luxuries are desperately trying to develop their souls in order to find themselves. Now is the time to listen silently to your own soul to relearn how to dialogue and live in peace with it. Drawing is good food for the soul!

Ruido, humo, maquillaje, excesos, prédicas y prisas solo sirven para tapar las realidades que no conviene enfrentar. Las respuestas certeras y sinceras están dentro de cada uno. Esos que permanecen ausentes en sus pantallas y lujos bizarros están intentando angustiosamente desarrollar sus almas para encontrarse a sí mismos. Ahora es el tiempo de escuchar en silencio a la propia alma para reaprender a dialogar y convivir en paz con ella. ¡Dibujar es un buen alimento para el alma!

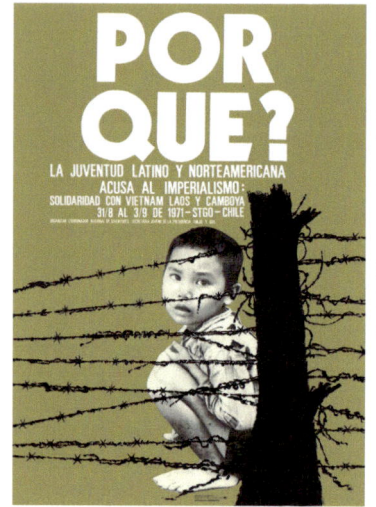

Cartel · Vicente y Antonio Larrea · 1971

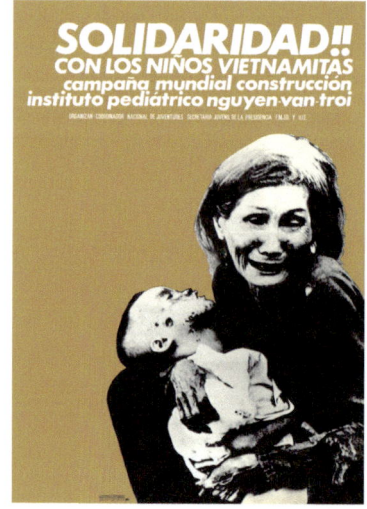

Cartel · Vicente y Antonio Larrea · 1972

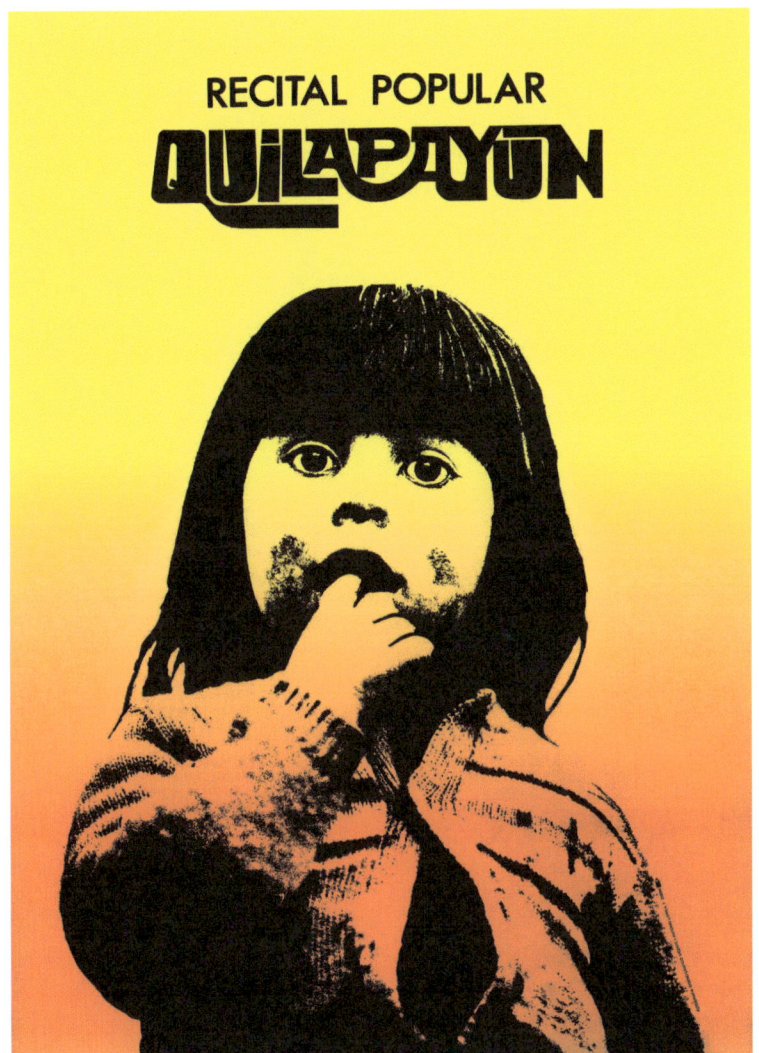

RECITAL POPULAR
QUILAPAYUN

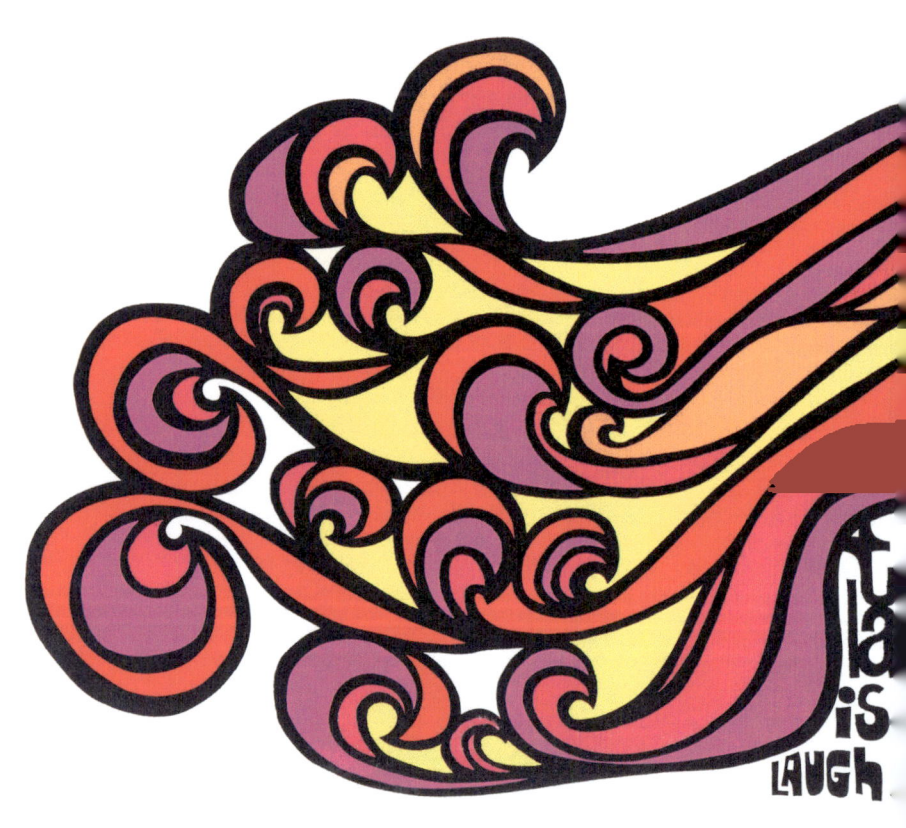

Master : Vicente Larrea

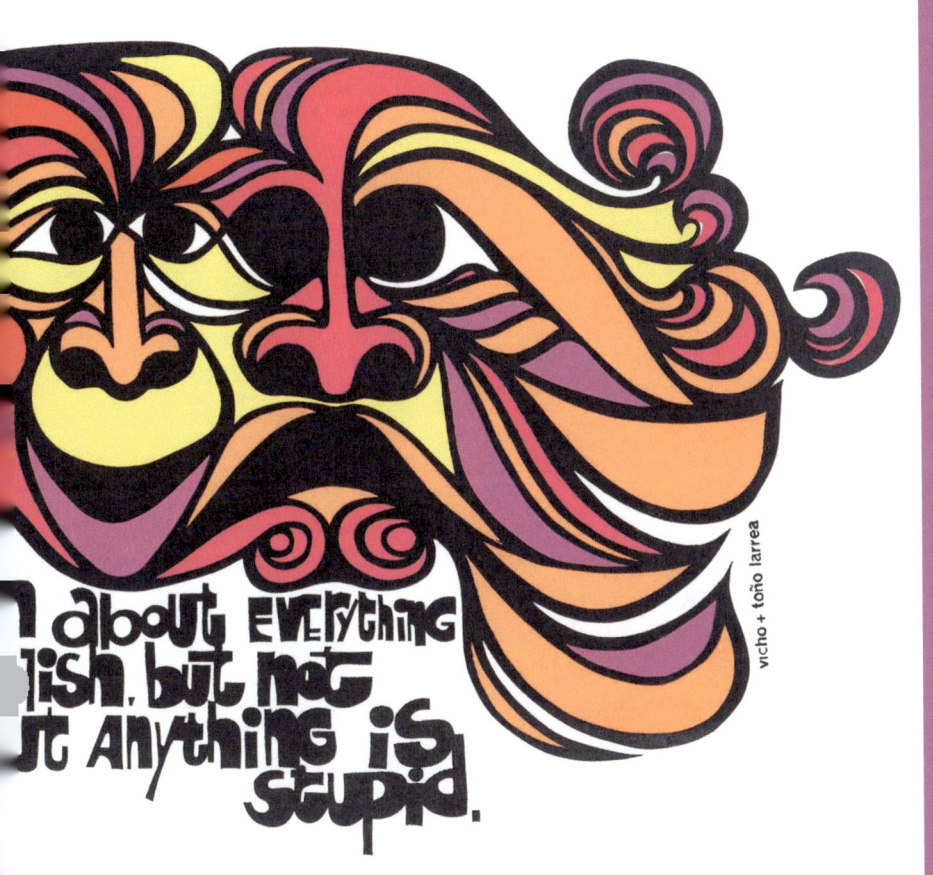

No reírse de nada es de tontos, reírse de todo es de estúpidos. —Groucho Marx
Serigrafía · Vicente y Antonio Larrea · ca. 1970

DEDICATION / DEDICACIÓN

We see our task as a job well done,
as just another worker in this country
who knew how to do the job as it
should be done and for those who
needed it done. The ultimate recipients
of the social posters and music were
the entire Chilean people, and today
we continue to think exactly the same
way. If I am commissioned to work
for a food brand or a chocolate brand
such as *Mozart*, I work for *Mozart*
with the same dedication as I work
for *Quilapayún* and *Inti-Illimani*. Now
we have more skills, more knowledge,
we are more demanding and there
are more resources.

Entendemos nuestra tarea como
un trabajo bien hecho, como uno
más de los trabajadores de este país
que supo hacer el trabajo como tenía
que hacerlo y para quienes tenía
que hacerlo. El receptor final de los
afiches sociales y de la música era
todo el pueblo chileno y hoy día
seguimos pensando exactamente
igual. Si a mí me encargan una marca
de comida o una marca de chocolate
como es el *Mozart*, yo trabajo para
Mozart con la misma dedicación que
trabajo para *Quilapayún* e *Inti-Illimani*.
Ahora tenemos más habilidades,
más conocimientos, somos más
exigentes y hay más recursos.

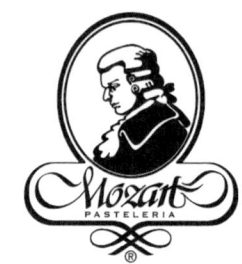

1

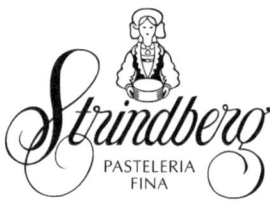

2

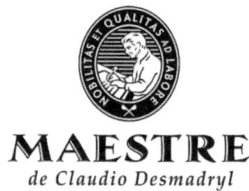

3

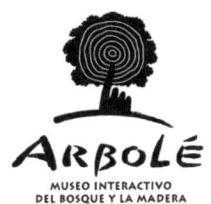

ARBOLÉ
MUSEO INTERACTIVO
DEL BOSQUE Y LA MADERA

Fundación Pablo Neruda

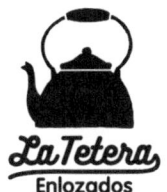

La Tetera
Enlozados

4

7

10

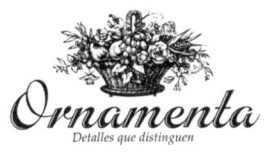

Ornamenta
Detalles que distinguen

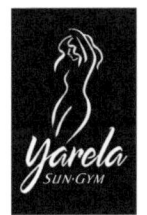

Yarela
SUN·GYM

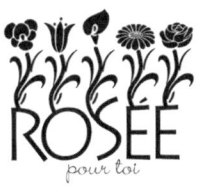

ROSÉE
pour toi

5

8

11

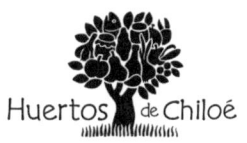

Huertos de Chiloé

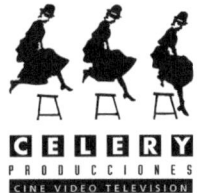

CELERY
PRODUCCIONES
CINE VIDEO TELEVISION

CANZIANI
Abitare

6

9

12

(1) Mozart · Luis Albornoz y Vicente Larrea · 1981 (2) Strindberg · Vicente Larrea y Luis Albornoz · 1987 (3 Maestre · Vicente Larrea y Luis Albornoz · 1990 (4) Arbolé · Vicente Larrea y Luis Albornoz · 1990 (5) Ornamenta · Vicente Larrea y Luis Albornoz · 1990 (6) Huertos de Chiloé · Vicente Larrea y Luis Albornoz · 2010 (7) Fundación Pablo Neruda · Vicente Larrea y Luis Albornoz / Icono Pez: Mauricio Amster · 2010 (8) Yarela Sun-Gym · Vicente Larrea y Luis Albornoz · 1993 (9) Celery Producciones · Vicente Larrea · 1990 (10) La Tetera · Vicente Larrea y Rodrigo Bustos · 2016 (11) Rosée · Vicente Larrea · 2011 (12) Canziani Abitare · Vicente Larrea y Luis Albornoz · 1984 (13) Linos de Chile · Luis Albornoz y Vicente Larrea · 1978 (14) Cerámica Guangualí · Vicente Larrea y Mariano Ramos · 2010 (15) Chile · Vicente Larrea · 1990 (16) Club Deportivo Manquehue · Vicente Larrea · 1996 (17) Elaborado con huevo fresco · Luis Albornoz y Vicente Larrea · 2000 (18) Iglesia Bautista de Ñuñoa · Luis Albornoz y Vicente Larrea · 2000 (19) La Receta · Vicente Larrea · 1990 (20) Emporio Nacional · Vicente Larrea y Luis Albornoz · 2005 (21) El burrito · Vicente Larrea y Luis Albornoz · 1990 (22) Receta Tradicional · Luis Albornoz y Vicente Larrea · 1994 (23) Cabañas Río Pescado · Vicente Larrea · 1992 (24) Horcón Quemado · Vicente Larrea y Luis Albornoz · 1998 (25) Agricola El Dain · Luis Albornoz y Vicente Larrea · 1998 (26) Florence · Luis Albornoz y Vicente Larrea · 1994 (27) Riñimapu Hotel · Vicente Larrea y Luis Albornoz · 1990

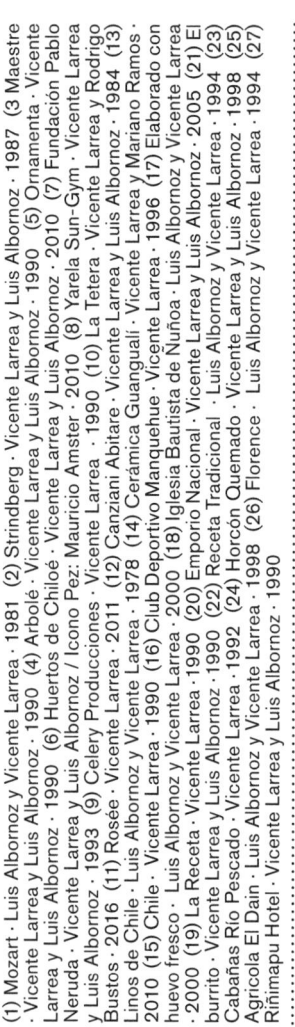

13

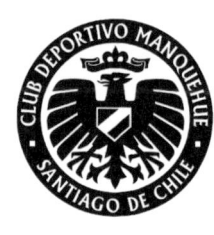

16

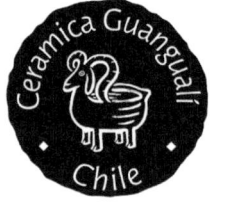

14

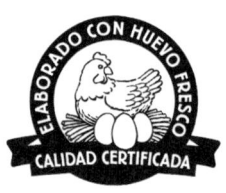

17

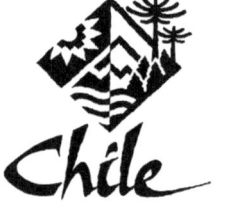

15

18

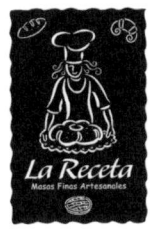

19

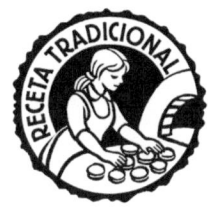

22

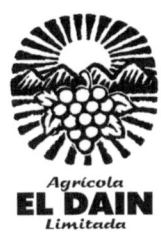

25

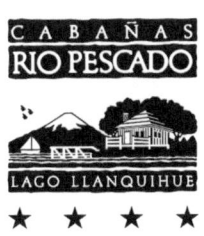

20

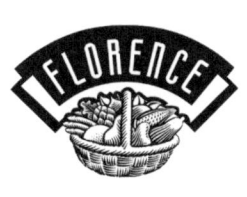

23

26

21

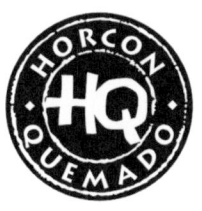

24

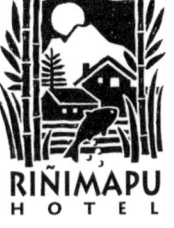

27

EVIDENCE / EVIDENCIA

Cecina *La Preferida* tells us, 'We need you to create a brand for us because what we have now is unreadable.' The brand name was in German, unpronounceable and impossible to remember. The client wanted me to draw a pig... and I explained that they don't sell pigs, they sell sausages. The presentation was the 'P sausage'; that was it. They saw it and said, 'Perfect, that's it.' The advertising campaign we designed to promote the brand consisted of painting the 15 vans that delivered the cured meat to all the outlets yellow... within a week, the whole of Santiago knew what the new brand was.

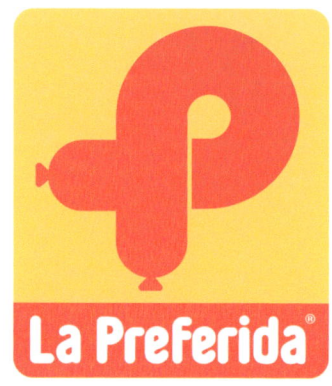

1

Cecina *La Preferida* nos dice «necesitamos que nos haga la marca porque lo que tenemos no se lee». La marca estaba en alemán, era impronunciable e imposible de recordar. El cliente quería que le dibujara un chancho... y yo le expliqué que no venden chanchos sino embutidos. La presentación fue la «P salchicha» eso fue todo, la ven y dicen «perfecto esto es». La campaña de publicidad que diseñamos para divulgar la marca consistió en pintar de amarillo las 15 camionetas que repartían la cecina en todos los puntos... en una semana todo Santiago sabía cuál era la nueva marca.

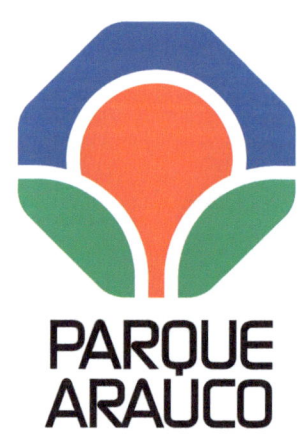

2

DALI

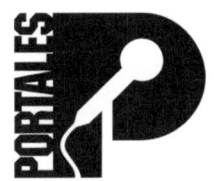

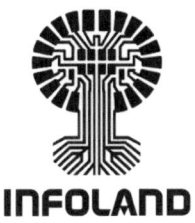

INFOLAND

3

6

9

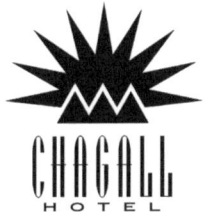

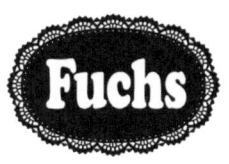

Fuchs

4

7

10

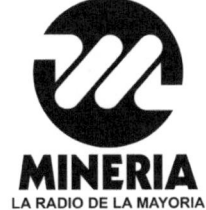

MINERIA
LA RADIO DE LA MAYORIA

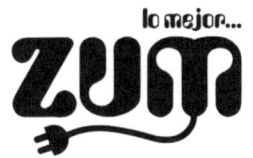

FRIVAL

5

8

11

(1) La Preferida · Luis Albornoz y Vicente Larrea · 1983 (2) Parque Arauco · Luis Albornoz y Vicente Larrea · 1983 (3) Dalí · Vicente Larrea · 1978 (4) Tele Trece · Luis Albornoz y Vicente Larrea · 1975 (5) Radio Minería · Luis Albornoz y Vicente Larrea · 1976 (6) Radio Portales · Luis Albornoz y Vicente Larrea · 1980 (7) Chagall · Luis Albornoz y Vicente Larrea · 2000 (8) ZUM · Vicente Larrea · 1980 (9) Infoland · Luis Albornoz y Vicente Larrea · 1985 (10) Fuchs · Vicente Larrea · 1995 (11) Frival · Luis Albornoz y Vicente Larrea · 1983 (12) Eva Holz · Vicente Larrea · 1990 (13) Folias · Vicente Larrea · 1991 (14) Stock · Vicente Larrea · 1986 (15) Eva Holz · Vicente Larrea · 1978 (16) S Racz · Vicente Larrea y Oscar Bau · 2017 (17) QVID · Luis Albornoz y Vicente Larrea · 1976 (18) Frank Gross · Luis Albornoz y Vicente Larrea · 1995 (19) Fusa Estudio · Vicente Larrea · 2005 (20) Rabi · Vicente Larrea y Oscar Bau · 2017 (21) Kreisberg Ortodoncia · Vicente Larrea y Oscar Bau · 2017 (22) Fuicafoto · Vicente Larrea · 2005 (23) Alzheimer · Vicente Larrea · 1990 (24) Novaresse · Vicente Larrea · 1992 (25) Colloky · Vicente Larrea · 1992 (26) Argos · Luis Albornoz y Vicente Larrea · 2000

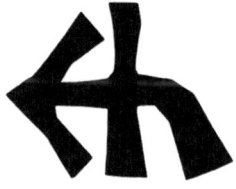

12

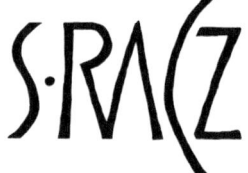

15

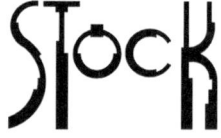

13

16

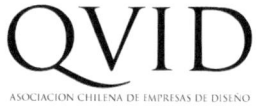

14

17

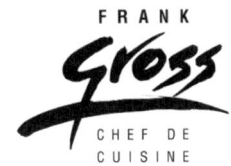

FRANK
Gross
CHEF DE
CUISINE

18

KREIS
BERG
ORTODONCIA

21

NOVARESSE

24

FUSA
ESTUDIO

19

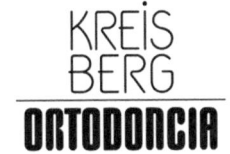

FUICAFOTO

22

Colloky

25

rabi
CERAMISTA

20

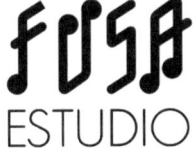

CORPORACION
ALZHEIMER
FILANTROPICA

23

Argos®

26

BRANDS / MARCAS

We always think about how to provide clear, concise information that improves the cultural condition of the recipients. We continue to apply the principle of communicating to many people in a concise manner to this day, even in brand design—after 1973, we created 300 or 350 brands. We have never considered it fair to simply cater to the whims of those who commission our work, because that doesn't work; it's like navel-gazing. We have always managed to demonstrate that communication must be a transparent and truthful message adapted to the audience's level of understanding.

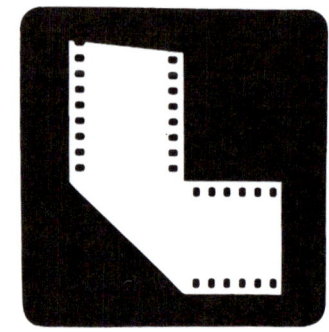

1

Siempre pensamos cómo aportar buena información nítida, sintetizada y que mejore la condición cultural de los receptores. El principio de comunicarle a mucha gente en forma sintetizada lo seguimos aplicando hasta hoy día incluso en el diseño de marca —después del 73 llegamos a hacer 300 o 400 marcas—. Nunca hemos considerado que sea justo el capricho del «me gusta» de quien encarga, porque no funciona, es como mirarse al ombligo. Siempre hemos logrado demostrar que la comunicación tiene que ser un mensaje transparente y veraz adaptado a los niveles de captación del receptor.

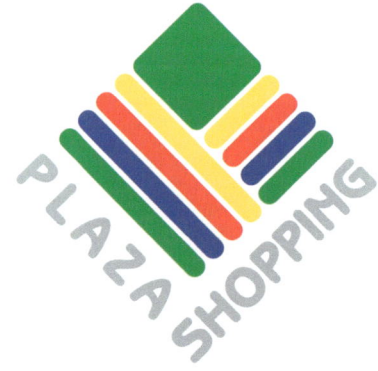

2

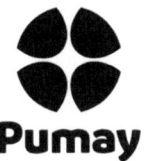

Pumay

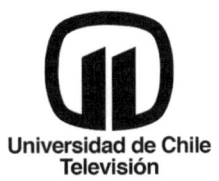

Universidad de Chile
Televisión

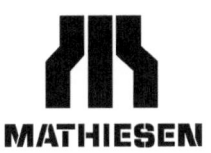

MATHIESEN

3

6

9

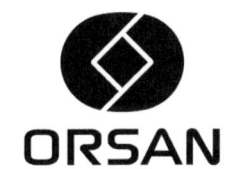

ORSAN

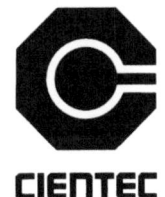

CIENTEC

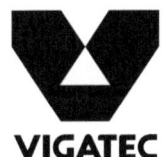

VIGATEC

4

7

10

PRODULAC

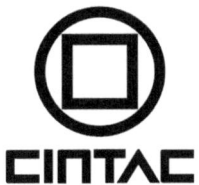

CINTAC

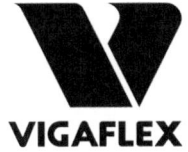

VIGAFLEX

5

8

11

(1) Foto Loben · Vicente Larrea · 1980 (2) Plaza Shopping · Luis Albornoz y Vicente Larrea · 1990 (3) Mall Pumay · Vicente Larrea y Oscar Bau · 2018 (4) Orsan · Luis Albornoz y Vicente Larrea · 2005 (5) Produlac · Luis Albornoz y Vicente Larrea · 1985 (6) Universidad de Chile Televisión · Luis Albornoz y Vicente Larrea · 1976 (7) Cientec · Vicente Larrea · 1976 (8) Cintac · Luis Albornoz y Vicente Larrea · 1978 (9) Mathiesen · Vicente Larrea · 1990 (10) Vigatec · Vicente Larrea · 1988 (11) Vigaflex · Vicente Larrea · 1988 (12) Teléfonica del Sur · Luis Albornoz y Vicente Larrea · 1996 (13) factor industrial · Vicente Larrea · 1990 (14) Instituto Vascular de Santiago · Luis Albornoz y Vicente Larrea · 1985 (15) Ingenieros Civiles Industriales · Vicente Larrea · 1998 (16) Endesa ·Luis Albornoz y Vicente Larrea · 1980 (17) Giglio · Luis Albornoz y Vicente Larrea · 1985 (18) Desco · Luis Albornoz y Vicente Larrea · 1998 (19) Climatrol · Luis Albornoz y Vicente Larrea · 1980 (20) Escuela de la industria gráfica · Luis Albornoz y Vicente Larrea · 1998 (21) Frío Austral · Luis Albornoz y Vicente Larrea · 1984 (22) CMF · Luis Albornoz y Vicente Larrea · 2001 (23) Luz del Sur · Luis Albornoz y Vicente Larrea · 1990 (24) Infor · Luis Albornoz y Vicente Larrea · 1996 (25) INE · Luis Albornoz y Vicente Larrea · 1990 (26) Radio Corporación · Vicente Larrea · 1980

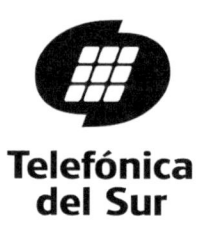

Telefónica del Sur

12

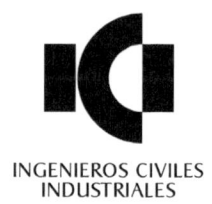

INGENIEROS CIVILES INDUSTRIALES

15

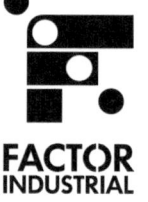

FACTOR INDUSTRIAL

13

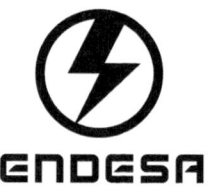

ENDESA

16

INSTITUTO VASCULAR DE SANTIAGO

14

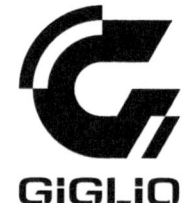

GiGLiO

17

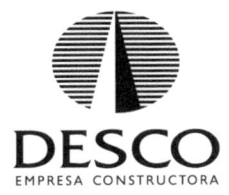

DESCO
EMPRESA CONSTRUCTORA

18

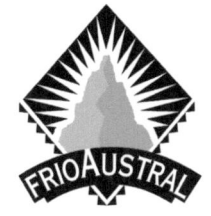

21

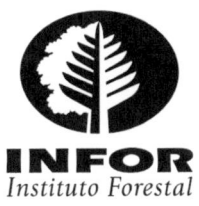

INFOR
Instituto Forestal

24

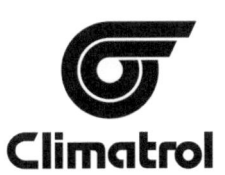

Climatrol

19

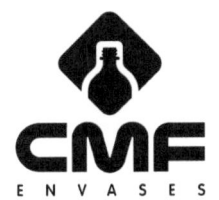

CMF
E N V A S E S

22

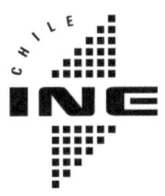

25

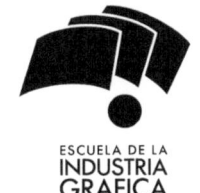

ESCUELA DE LA
**INDUSTRIA
GRAFICA**

20

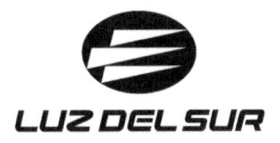

23

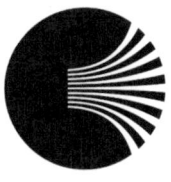

26

RIGOUR / RIGOR

All the summaries we made were understood at the time, and that's because we—Antonio (my brother), Luís Albornoz, and I—are very rigorous. We tested everything before showing it to others to see which one worked best, regardless of the outcome. The one that worked best was presented. We use the word 'function' a lot, which comes from the Bauhaus training, because design was done to work in practice. When you disguise the term 'functionality' with decoration, it's a bit misleading; we're interested in function, not decoration.

Todas las síntesis que hicimos fueron entendidas hasta la fecha, y es porque nosotros, Antonio —mi hermano—, Luís Albornoz y yo somos muy rigurosos. Todo lo probábamos antes de mostrar las cosas para saber cuál era la que mejor funcionaba, fuera de quien fuera el resultado. La que mejor funcionaba se presentaba. La palabra función la usamos mucho, de ahí viene la formación de la Bauhaus, porque se hacía diseño para que funcionara en la práctica. Cuando el término de funcionalidad lo disfrazas con decoración es un poquito mentiroso, nosotros estamos en la función no en la decoración.

Programa de Postgrado
en Población y Desarrollo

UNFPA · Oficina Larrea · 1993

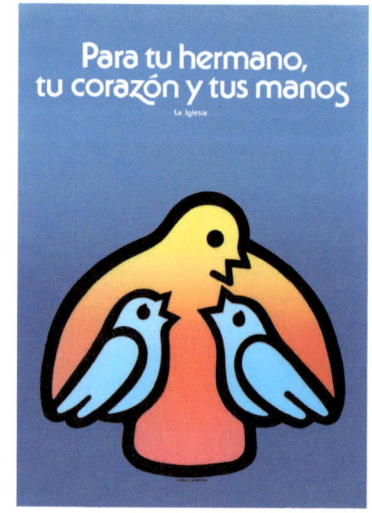

Cartel · Vicente Larrea y Luis Albornoz · s.f.

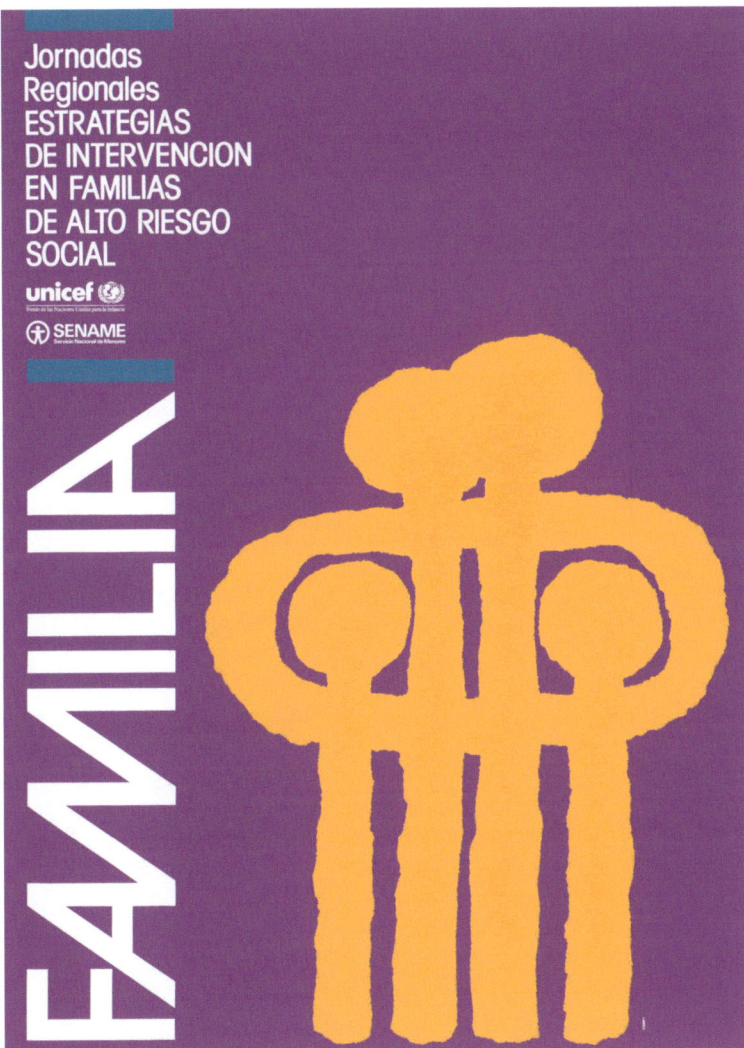

Jornadas Regionales ESTRATEGIAS DE INTERVENCION EN FAMILIAS DE ALTO RIESGO SOCIAL

unicef

SENAME

FAMILIA

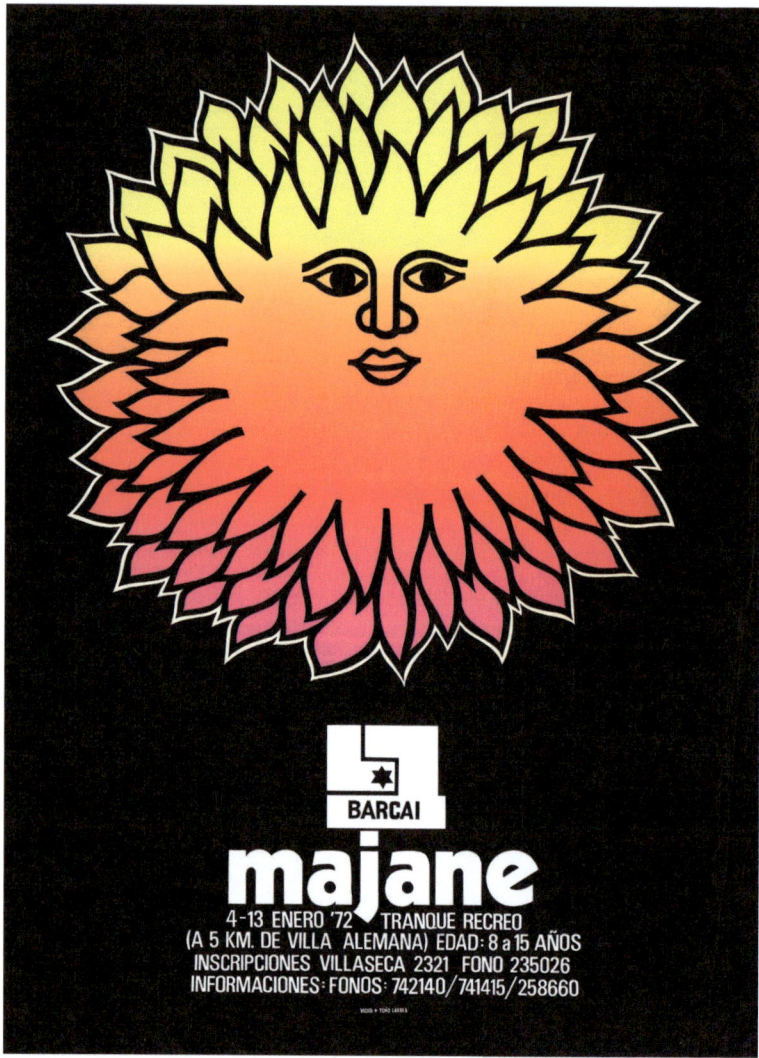

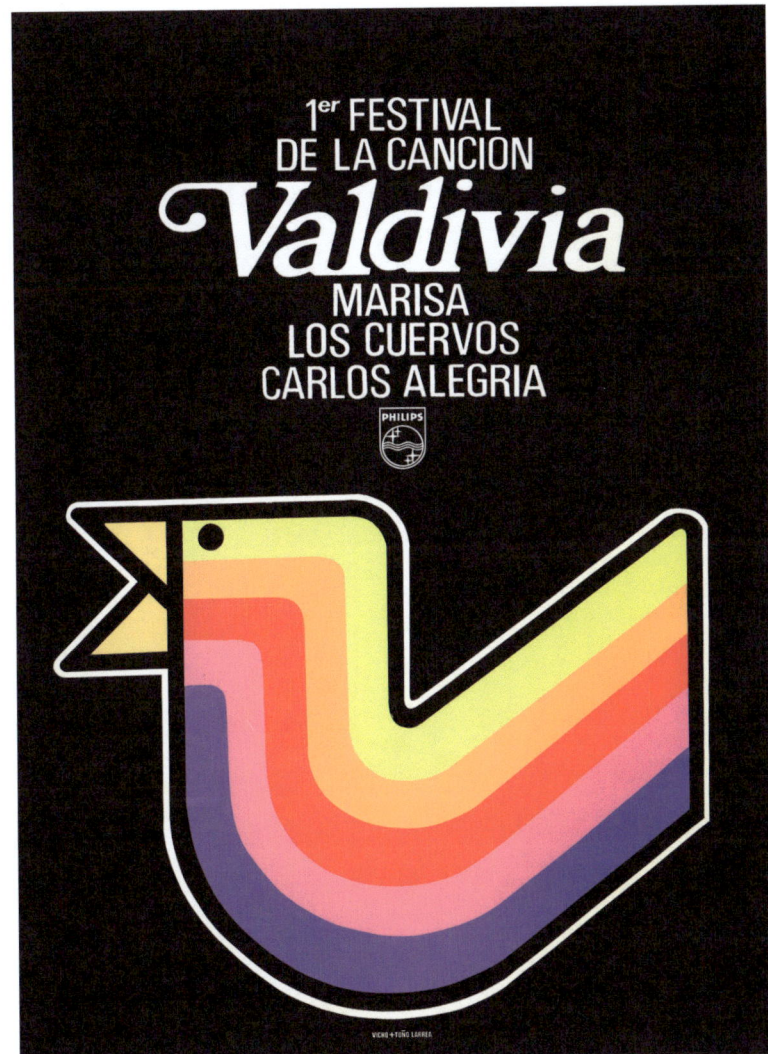

HONESTY / SINCERIDAD

Our dialogues with customers have always been very sincere, very simple, not elaborate, not sophisticated, not complicated, because mass communication is simple*, and when you wrap it up in too many gift boxes and ribbons, you are hiding something. We have always been much more direct, we have kept things simple, and it has worked.

Los diálogos con los clientes siempre han sido muy sinceros, muy simples, no elaborados, no sofisticados, no complicados, porque las cosas de comunicación masiva son simples* y cuando tú las envuelves en demasiados paquetes de regalo y con demasiadas cintas algo estás ocultando. Nosotros siempre hemos sido bastante más directos, hemos hecho las cosas simples y han funcionado.

---

*There is a phrase that explains it best: 'From the eye that sees to the eye that thinks'. *Hay una frase que lo explica mejor: «Del ojo que ve al ojo que piensa».

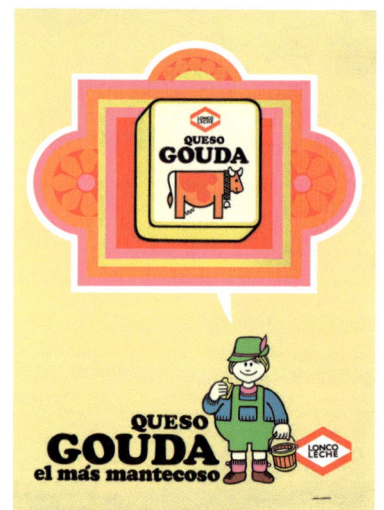

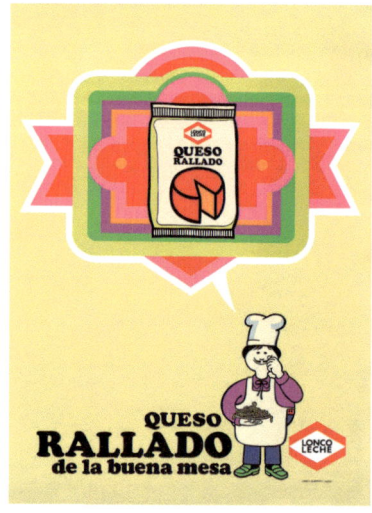

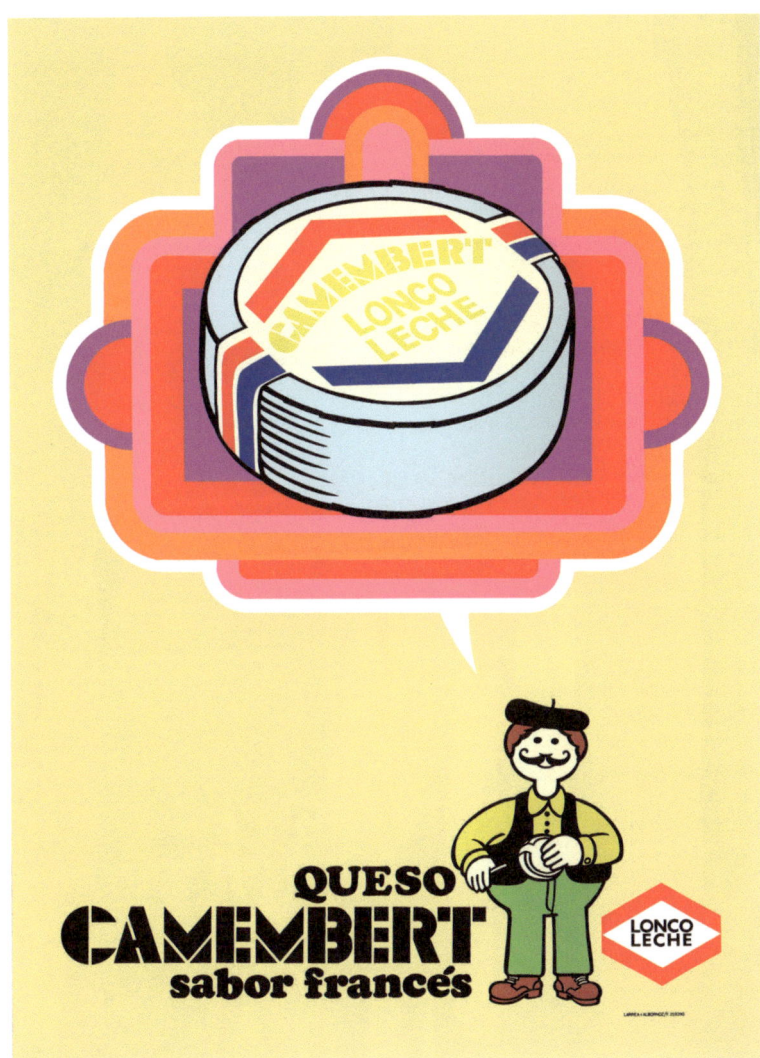

Carteles · Vicente Larrea y Luis Albornoz · ca. 1980

IDENTITY / IDENTIDAD

The company *Pisco Capel* commissions us to design a new label, not a logo. He brings me one from *Pisco Control* and says, 'This is what we want, as similar as possible to *Pisco Control*.' I asked him why he wanted it to resemble *Control*, and he replied, 'Because it's the market leader'. I responded, 'Let's see, are you *Capel* or *Control*? You are *Capel* and you want an identity that resembles your competitor, so you want to cause confusion'. They had no idea; they just wanted to resemble their competitor. There was no identity analysis. We didn't know how to do identity analysis at that time either.

La empresa *Pisco Capel* nos encarga una nueva etiqueta no un logotipo. Me trae una de *Pisco Control* y me dice «esto es lo que nosotros queremos, lo más parecido a *Pisco Control*». Y yo le comento, para qué quiere parecerse a *Control*, y me responde «porque él es el líder» y yo le respondo, a ver ¿usted es *Capel* o es *Control*?... Usted es *Capel* y quiere una identidad que se parezca a su competencia, entonces quiere provocar confusión. No tenían idea, querían parecerse. No había análisis de identidad. Nosotros tampoco sabíamos hacer análisis de identidad en ese momento.

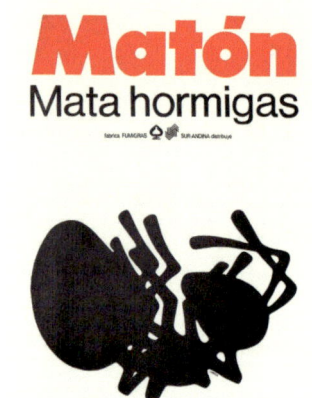

Cartel · Oficina Larrea · s.f.

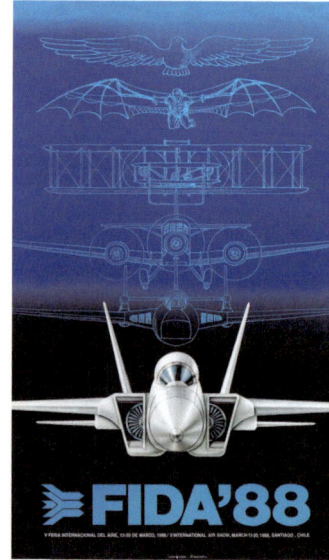

Cartel · Oficina Larrea · 1988

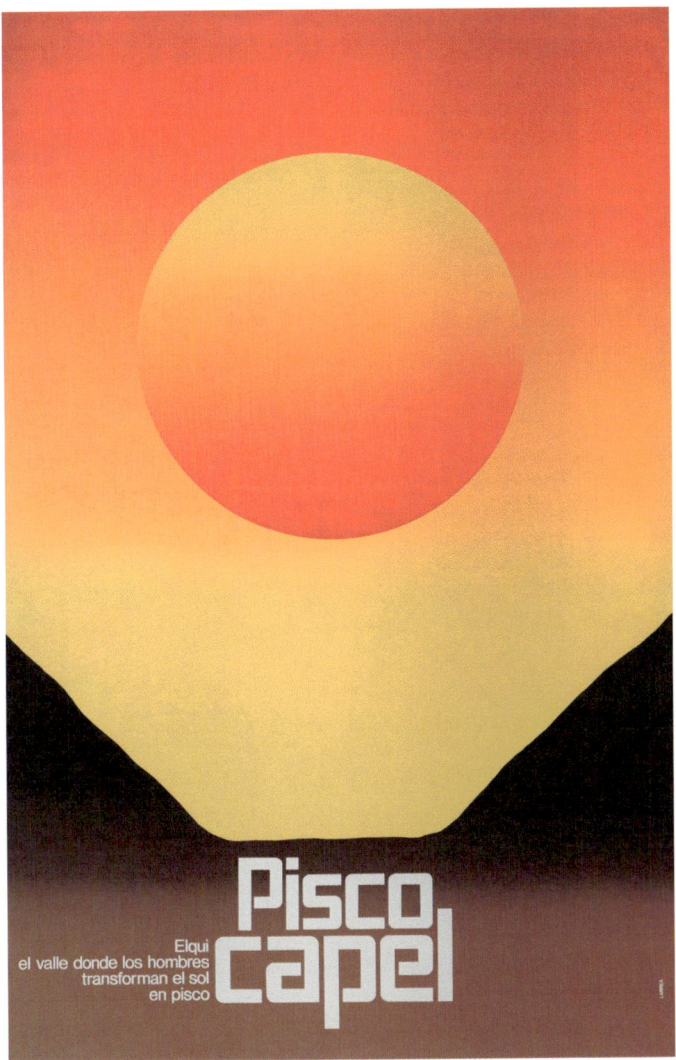

Pisco capel

Elqui
el valle donde los hombres
transforman el sol
en pisco

Cartel · Hernán Venegas, Luis Albornoz y Vicente Larrea · s.f.

VOCATION / VOCACIÓN

'I don't consider myself a master of anything. Personally, I identify more with the title of apprentice, as I continue to learn every day how to improve my graphic design skills.' We are visual communicators, that has not changed. When you have a vocation, it is like a priest who goes to work with the people. I am not religious, but I deeply respect it when there is consistency between discourse and practice, and that is what we have done, nothing more. Being consistent between what we think and what we do, we do not have double standards or double talk.

«No creo ser maestro en nada. Personalmente me identifico más con el título de aprendiz, pues continuó aprendiendo cada día a hacer mejor gráfica.» Somos comunicadores visuales, eso no ha cambiado, cuando tú tienes vocación es como un cura que se va a trabajar con la población. No soy religioso pero lo respeto profundamente cuando es consecuente entre su discurso y su práctica, y eso es lo que hemos hecho, nada más. Ser consecuentes entre lo que pensamos y lo que hacemos, no tenemos doble discurso ni doble pose.

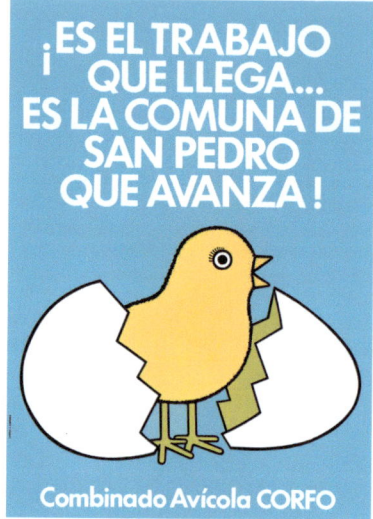

¡ES EL TRABAJO QUE LLEGA... ES LA COMUNA DE SAN PEDRO QUE AVANZA !

Combinado Avícola CORFO

Cartel · Vicente Larrea y Luis Albornoz · ca. 1972

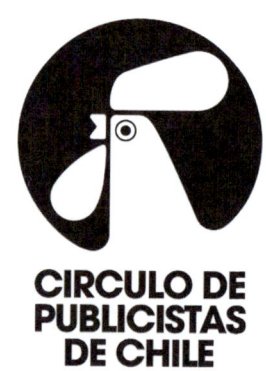

CIRCULO DE PUBLICISTAS DE CHILE

Hernán Venegas y Vicente Larrea · 1976

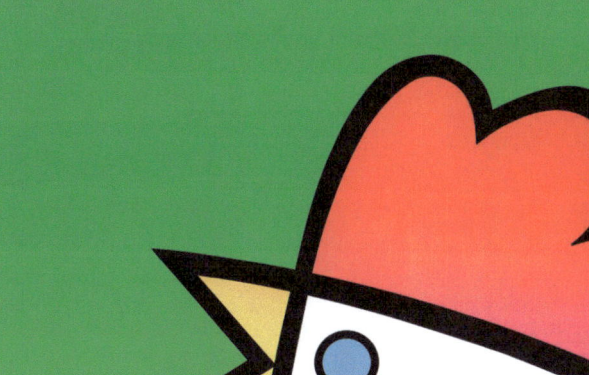

CONGRESO LATINOAMERICANO DE PUBLICIDAD

CHILE 1977. 8-11 Noviembre en Santiago
12 Noviembre en Viña del Mar
Organiza: Círculo de Publicistas de Chile
Auspicia: Diario El Mercurio
Patrocina: Asoc.Chilena de Agencias de Publicidad (ACHAP)
Area Latinoamericana, Capítulo Chileno de la IAA.

Cartel · Vicente Larrea y Hernán Venegas · 1977

85

DO IT / HÁGALO

'Keep it simple, keep it beautiful, and nothing else.' Try to communicate, not to isolate or confuse. Keep it simple, don't complicate it, and once you've got it simple, don't give up, use it. It's that simple, nothing more. None of us ever called ourselves artists, nor did we believe the story that we were artists. We are visual communicators, we have a certain skill in graphic design, in a small part of graphic design, and we have delivered the best of our work to every person who has asked us for it, without discrimination.

«Hazlo simple, hazlo hermoso y nada más». Trata de comunicar, no de incomunicar o de confundir. Hágalo simple, no lo complique y cuando lo tenga simple, no renuncie, úselo. Así de sencillo, no es más que eso. Nunca ninguno de nosotros se tituló de artista, ni nos creímos el cuento a ser artistas. Somos comunicadores visuales, tenemos una cierta habilidad en el diseño gráfico, en una partecita del diseño gráfico y hemos entregado lo mejor que hemos podido nuestro trabajo a cada persona que nos lo ha pedido sin discriminación.

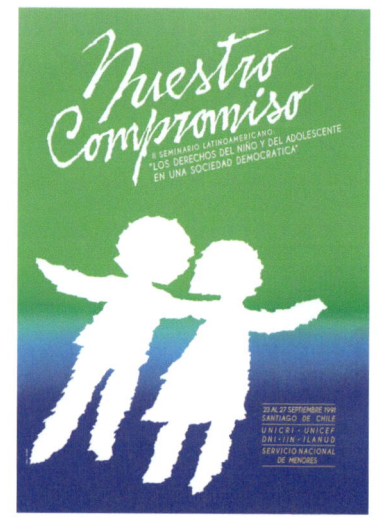

Cartel · Oficina Larrea · 1991

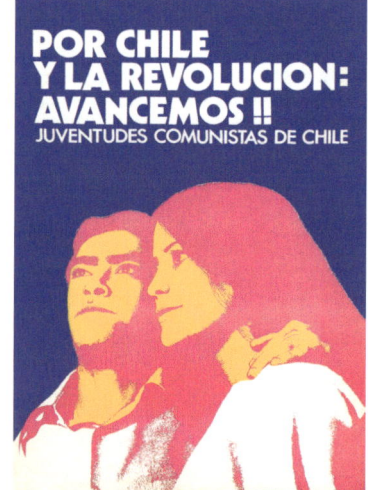

Cartel · Vicente y Antonio Larrea · 1972

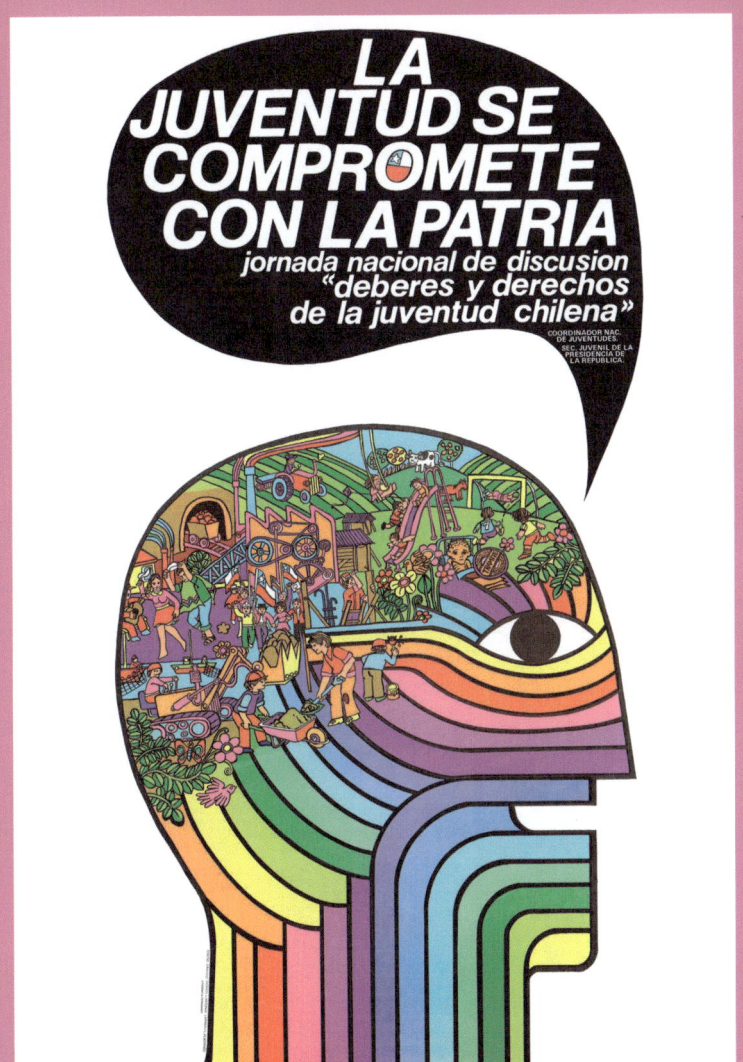

Cartel · Vicente y Antonio Larrea + Luis Albornoz · 1971

Iberoamérica Gráfica. Maestros:
Vicente Larrea

—

Gabriel Martínez
Sonia Díaz
Felipe Taborda

—

Marisol García
(Approach/Enfoque)

—

© 2025, Vicente Larrea
© 2025, de la presente edición:
Experimenta Editorial
Calle Investigación 7.
Pol. Ind. Los Olivos 28906
Getafe, Madrid, España
www.experimenta.es

—

Dirección editorial:
Marcelo Ghio

—

Dirección de la colección:
F/G/S GRAPHICA
Felipe Taborda
Gabriel Martínez
Sonia Díaz

—

Ideación, edición y diseño:
F/G/S GRAPHICA

—

ISBN: 978-84-19555-43-4
Depósito Legal: M-21268-2025

—

Printed in Spain - Impreso en España

—

Impreso en Gráficas Muriel S.A.
Getafe, Madrid

References and bibliography /
Referencias y bibliografía

—

Taborda, Felipe. (2 de agosto de 2025).
*Maestros del diseño en América Latina:
Vicente Larrea (Chile)*. https://www.
experimenta.es/noticias/grafica-y-
comunicacion/maestros-del-diseno-
en-america-latina-vicente-larrea-chile/

—

Taborda, Felipe. *Latin American
Graphic Design*. Köln: Taschen, 2008.

—

García, Marisol. "El Énfasis de lo justo".
En Vico Sánchez, Mauricio & Lepe Muñoz,
Juan Carlos. *Oficina Larrea, 60 años
diseñando afiches y marcas*. Santiago
de Chile: Ediciones Fulgor, 2022.

—

León, Silvia. *Los Larrea*. Ritmo nº 314.
1971. Santiago de Chile. 18-21.

—

Entrevista con Marcos Castañeda
en AM Radio. (5 de agosto de 2025)
*Testimonios: Vicente Larrea Mangiola y
la gráfica histórica que hace memoria.*
https://www.ivoox.com/testimonios-
vicente-larrea-mangiola-grafica-
audios-mp3_rf_12348025_1.html

—

Centro para las Humanidades UDP
(6 de agosto de 2025) *Vicente Larrea
- 50 años. La Cultura en la Unidad
Popular*. https://www.youtube.com/
watch?v=8xYQ1rA1QhQ

—

Dereojo Comunicaciones. (8 de agosto
de 2025) *Entrevista a Vicente Larrea*.
Serie documental «hDGch - Historia del
Diseño Gráfico en Chile» https://www.
youtube.com/watch?v=0039anTcdlk

—

Colabora:
La escuela pública de
arte y diseño de la
Comunidad de Madrid

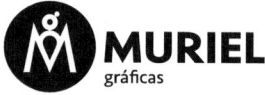

MURIEL
gráficas

graphic **iberoamérica** gráfica

ARTEDIEZ